臺灣之春

解嚴前的臺灣民主運動

胡慧玲◆著

目次

【推薦序】驚心動魄的臺灣民主運動 ⊙陳健民 005
【推薦序】一段臺灣人必須共同擁有的公共記憶 ⊙陳俊宏 008
【作者序】民主路上的微光和哨音 011
第一章 苦悶的臺灣 015
第二章 蔣氏父子 033
第三章 回歸本土 053
第四章 選舉萬歲 079

第五章　講沒完的政見　099
第六章　沒有黨名的黨　123
第七章　大逮捕　151
第八章　大審判　171
第九章　血雨腥風　199
第十章　黨外再起　223
第十一章　狂飆年代　247
第十二章　我思故你在　275

第十三章　組黨　295
後語　317
參考資料　318

【推薦序】

驚心動魄的臺灣民主運動

陳健民

我是在獄中讀胡慧玲的《百年追求：民主的浪潮》（現以《臺灣之春：解嚴前的臺灣民主運動》為名重新出版），是二〇一九年一個炎熱的初夏，因為參與雨傘運動被判刑十六個月。五十多個囚犯擠在小小的飯堂中，既嘈吵又鬱悶，我草草吃過嘔心的飯菜，專注地追讀臺灣民主運動的歷史。看到最後，深深呼吸一下，在書末寫上「驚心動魄」四字。

那的確是一段扣人心弦的歷史。先是國民黨在二二八事件中的奸詐與殘暴、然後是年輕人燈蛾撲火般以肉身對抗白色恐怖。黃文雄在美刺殺蔣經國失敗，被保安壓在地上時高喊「Let me stand up like a Taiwanese!」，一直在我腦海迴響。當美麗島事件的被捕者慘遭酷刑逼供，林義雄被拳打腳踢、香菸炙臉時，他的母親和一對孖生女竟在家中被無辜宰殺。慘絕人寰的迫害激起民眾的義憤，高俊明牧師在庭上自辯是基於信仰良心藏匿施明德，他更讚賞同案被告展現非凡的勇氣和愛心，沒有互相出賣。而令人髮指的「陳文成慘案」，亦激起陳爸爸用最卑微的手段向專制報復。這位旅美學者因為批評國民黨和籌款支援《美麗島》雜誌，在回臺探親時慘遭殺害。他父親自此蒐集資料，向各單位請願、印發單張分發報社、巡迴美國演講、拜訪美國議員，直至美國眾議院就此舉辦聽證會並敦促臺灣解嚴，讓人看到平凡人孤注一擲的威力。

這段歷史還有許多令人沉吟的故事。何春木參選臺中市長時，女兒在班上不敢舉手支持自己父親，成為她長期的創傷，久久不能釋懷。一生被誤解的鄭南榕，在孤獨的抗爭中自焚，「那具燒焦的屍體無比雄辯，如嘯如吟，餘音嬝嬝」。我在網上看過一段鄭先生女兒的訪問，追憶兒時與父親在那辦公室嬉戲的片段，令人神傷，卻又見到上一輩爭取民主自治的傳承。臺灣一代接著一代人無私無悔的付出，令我在一篇〈如鹿切慕溪水〉的獄中書簡中，寫下「臺灣人配得民主」之句。

臺灣民主運動對我的影響早在我大學時期已經發生。本書記錄了一九七九年美麗島事件大逮捕後，施明德當時的妻子艾琳達被驅逐出境，卻飛到香港會見國際媒體。鮮為人知的，是當時名記者陸鏗將她帶到香港中文大學做了一場演講，而我做為大學新生竟成為座上客。我仍記得艾琳達身上掛著絲帶激昂發言，對於成長於政治冷感社會的我是莫大衝激，特別當她談到臺獨問題，陸鏗拍案而起，大聲咆哮：「民主可以、獨立不可！」令我目瞪口呆，亦體會到民主運動內部的張力。其後我到圖書館查看報章雜誌，追蹤事件的發展，最後看到一幀照片，記錄了美麗島全人面對軍事法庭慷慨就義的表情。沒有多少人會想到，施明德咧嘴而笑、黃信介從容不迫將大衣擱在臂上的影像，會深深烙入對岸一個大學生的腦海，成為他日後爭取民主的動力。

今天香港人嚮往臺灣的民主自由，欣然看見華人社會擺脫屹立千年的天朝文化，讓每一個人挺直腰板生活，而非像大陸一些肚滿腸肥的人民，在權力面前扭曲如蛆蟲。但香港人應讀一讀這書，要知道臺灣民主得來不易，那是多少人用勇氣、智慧和生命換取回來的，而香港只站在那漫漫長路的起點。我也希望臺灣年輕一代讀一讀這段傷痛的歷史，對今天任何執政者出現獨裁的傾向會分外警惕，更不要被「一國兩制」的花言巧語所迷惑。臺灣必須在普選和政黨政治以外，壯大公民社會、健全法治和建立廉潔有效能的公部門，才能提升民主品質。臺灣是華人社會民主自由的堡壘，你們今天的奮鬥是我們對明天的想像。

（本文作者為香港占中三子之一）

【推薦序】

一段臺灣人必須共同擁有的公共記憶

陳俊宏

依舊記得，二〇一三年《百年追求：臺灣民主運動的故事》，這套以深入淺出方式介紹臺灣近百年來追尋民主的故事，一出版即受到各界的矚目。我因為在學校開授民主理論的相關課程，這套書自然也成為推薦給同學的必讀書單，後來因絕版，造成一書難求。如今欣聞這套書籍將陸續改版上市，對於至今仍面對內外嚴峻挑戰與考驗的臺灣民主共同體來說，如何面對過去，思考未來，深具意義。

本書作者慧玲姐是多年好友，嚴格來說，也算是敬重的民主前輩，經由她既精煉又生動的筆觸，描述那一段臺灣民主運動最壯烈、抗爭運動風起雲湧，同時也是最「血雨腥風」的年代。書中描述許多當年參與民主運動的臺灣人，展現出對民主追求的信念與決心，形成一股沛然莫之能禦的潮流。

歷史最終證明，當「壓制成本」遠大於「容忍成本」，獨裁者也只能順應時勢，對民主的要求做出讓步。在書中的許多篇章，我們深深體會臺灣人民對民主的熱情與堅持，不同的運動中總看到許多默默奉獻心力的人，前仆後繼，最終促成政治體制的重大變革。如同一部臺灣人的精神史，讓我們理解在民主化過程中，臺灣人對精神價值的追求，對歷史變革產生重大影響。

對我來說，這是一段臺灣人民必須共同擁有的公共記憶，然而我相信很多讀者在閱讀本書之前，或許對書中描述的許多人不畏艱難勇於對抗獨裁的歷史詩篇所知甚少，許多人當年的行動也未獲得應有的歷史評價，進而成為共同的歷史記憶。因為在獨裁政權體制性暴力所建構的霸權語境之下，他們是一群背叛體制的叛徒，或是為了國家安全或穩定而必須被犧牲的人，甚至他們的犧牲，是國家體制存續必須付出的「成本」。

臺灣人缺少對這段民主歷程的認識與定位，主要原因在於，在眾多第三波民主化的國家中，只有臺灣的威權獨裁政權在民主轉型之後，仍在自由選舉中取得勝利，並持續維持高度的政治競爭力，導致民主轉型工程中的重要任務，例如轉型正義、憲政改造工程等都受到阻力。由於臺灣沒有好好規劃推動轉型正義，未能深刻反省獨裁政權的過去，導致至今多數人擁有的仍是對「獨裁者的記憶」，少了「抵抗獨裁者的記憶」。

正如長期關心威權獨裁體制的英國學者艾許（Timothy Garton Ash）提醒，在政治上處理歷史最可行的方式，就是去呈現歷史的真實（truth-telling），讓歷史發揮它的教育及反省功能，因為唯有透過歷史的反省，我們才能真正地決定如何去面對未來。換言之，真相是民主鞏固的必要條件，和平也必須奠基在知識的透明。

深刻地反省「不民主」的過去，將替獨裁政權壓制的過去與民主轉型的未來提供了一個積極的橋梁，使威權遺緒得以轉變為民主的資產，刻劃出民主的前景與未來，這是一種「詩意正義」（poetic justice）的形式。因此，本書的民主故事是臺灣做為政治共同體的道德素材，值得每個臺灣人細細咀嚼。

（本文作者為國家人權博物館館長）

【作者序】

民主路上的微光和哨音

本書開場自一九七〇年四月二十四日黃文雄在紐約行刺蔣經國。

多年後我讀史，得知蔣介石從一九四八年起，在中國南京，就任第一任總統，撤退到臺灣，繼續當第二任、第三任、第四任、第五任總統。垂垂老矣時，他的兒子蔣經國強勢接班，臺灣眼見將有第六任、第七任「蔣總統」……約莫今日北韓模式。臺灣留學生黃文雄等人，意圖打破蔣氏王朝部署，計畫趁蔣經國訪美，在紐約廣場大飯店前，開槍行刺。對我而言，刺蔣那一槍，驚天動地，為七〇年代掀啟新頁。

「刺蔣案」是國際大新聞，但當時臺灣人，絕大多數不知此事。那年我十二歲，後山偏鄉的小學六年級學生，當然也不知此事。七〇年代，世界轟轟然向前翻轉，新芽破土，百花綻放，臺灣在高壓統治下，閉鎖且扭曲，苟苟活著。

國民政府被逐出聯合國時，我憂心時局會不會影響高中聯考。「民族救星」蔣介石過世時，我讀北一女，學校帶我們去「國父紀念館」排隊瞻仰遺容。「先總統蔣公」出殯，全校師生，在介壽路旁，下跪迎靈。我始終不敢讓父親知道：從國父紀念館經仁愛路、介壽路到桃園慈湖，長長漫漫、黑壓壓的跪拜人海當中，有他的女兒。

我並不叛逆。我是國民黨黨國教育體制下的模範生。小時候在臺東老家，聽父執輩低語罵老蔣、罵政府，我非常哀傷，認定父親是漢奸，是賣國賊。

高中時，我隻身在北，大量閱讀「文星叢刊」等書。心裡的問號，愈來愈多。幾經思量，決定讀歷史系，處理我的困惑。在臺大念書時，哲學系事件餘悸猶存，校園控制嚴密，學生只是組讀書會或辦電影會，教官也會來找麻煩，更別提幾年後蓬勃發展的社團或學運。那時我個性孤僻，少與人交往，幾乎是獨自在黑暗隧道中探索。苦悶是學生時代的關鍵詞。

轉捩點是一九七七年底的中壢事件。五項公職選舉，國民黨公然做票，當場被逮，積累多年的民怒，一次大爆發，群眾包圍中壢分局，火燒警車，警察噴射催淚瓦斯，開槍打死人，星火燎至全臺，選舉結果一夕翻盤。謊言世界，紙牌般崩塌。臺灣政治，時代巨輪，快速向前。

大學生我，因緣際會，也捲入浪潮。林世煜彼時是政治大學政治所研究生，受黨外立法委員康寧祥之邀，到《八十年代》雜誌當編輯。高雄事件隔天，林世煜來宿舍找我，細述高雄現場種種，他如何身披布條拿火把，群情如何沸騰，警民如何對峙車拚。之後他和省議員林義雄同車深夜返北，覺得臺灣就要不一樣了。不多久，大逮捕，又不多久，林宅血案。我不知不覺有夜哭習慣，躲在宿舍棉被哽咽落淚到天明。

婚後，林世煜歷任《進步》、《深耕》雜誌總編輯，我下班後，去雜誌社幫忙校稿、寫稿，認識了也在那裡寫稿打雜的鄭南榕。

鄭南榕打算自己辦雜誌，貫徹理念。他常來我家，榻榻米上討論雜誌名稱、欄目、作者群。一九八四年《自由時代週刊》創刊，第一號、第二號發行人，就是林世煜和我。我到雜誌社專任編輯，直到一九八九年，鄭南榕自焚，幾個月後，雜誌停刊。

簡言之，我從乖乖牌，一步步變成媒體所稱的「街頭暴民」、「社會邊緣人」和「三合一敵人」。

《自由時代週刊》停刊後半年，我任職「陳文成博士紀念基金會」，也接計畫案，做二二八口述歷史、白色恐怖時期相關人物傳記和事件口述歷史。在臺灣南北，大城小鎮，曲巷舊宅，聽老一輩臺灣人，用臺語夾雜日語和北京話，欲言又止，止又欲言，講述他們的時代和命運，或冤曲無奈，或勇敢拚搏。

難免回想，高三時，我在北一女光復樓樓上木板長廊，往返踱步，考慮念歷史系。那時隱約有個召喚：是的，我願意替口不能言、手不能寫的人，記錄他們的故事。

二〇一〇年接受「亞太文化學術交流基金會」委託寫「臺灣民主運動的故事」，前塵往事，都上心頭。這段歷史，我們曾經身在浪潮，埋鍋造飯跑龍套，或貼身觀察焦慮難眠，無論參與程度深淺，從來都不是局外人。寫書計畫伊始，擬大綱，分門別類讀相關書籍，上圖書館查資料。赫然發現，我親身經歷，或間接得知的事件，許多都沒有紀錄留下。如果沒寫，就某種意義而言，這些事，歷史上不曾發生。

二〇一三年十月，《百年追求》書成。幾個月後，太陽花運動，遍地風雷起。據聞，閱讀《百年追求》，是潮，是某種成人儀式，也是立法院內外對峙時的常備讀物。日後，又聽聞，香港和泰國的年輕人，從書中得到啟示。

百年追求的民主之路，曾經，舉目望去，不見微光。然而，是盼望，是堅持，是「非如此不可」的集體意志，以及遠方傳來的呼應哨音，讓幾代人你挺我我挺你接棒走下去，迎接臺灣之春的到來。

祈願臺灣民主運動的故事，成為世界上受壓迫者，追求民主自由路上的微光和哨音。

第一章

苦悶的臺灣

刺客瞄準蔣經國，扣下板機的剎那，說時遲那時快，美方安全人員撲前阻止。他的手被往上架開，子彈從蔣經國頭頂飛過，擊中飯店的玻璃旋轉門。

現場驚亂雜沓，刺客立即被高頭大馬的安全人員壓倒在地。他一邊掙扎，一邊大喊：「Let me stand up like a Taiwanese（讓我像臺灣人一樣站起來）！」隨後與另一名躍身搭救他的東方男子，雙雙被押入警車載走。

國際孤兒

一九四九年底，國民黨政府敗退來臺；隔年三月，蔣介石「復行視事」，中華民國風雨飄搖；一九五〇年六月韓戰爆發，美軍協防臺灣，中華民國才轉危為安。但這時的世界地圖，已經是兩個中國。

韓戰結束，冷戰成型。蔣介石倚仗美國的強力護航，使中華民國一直到一九七一年，都勉強保留聯合國安理會的席次。蔣堅持「漢賊不兩立」，使中華民國的外交史形同斷交史。一九四九年與蘇聯、東歐各國斷交，一九五〇年與英國、挪威、瑞士等國陸續斷交，到了一九七〇年，只剩六十五個邦交國。

美國從一九六一年甘迺迪總統開始，已考慮「更接近現實的情況」，研議「兩個中國」案。甚至希望中華人民共和國以承認臺灣為獨立國家做條件，來交換美國的承認，並進入聯合國。

一九六三年甘迺迪遇刺身亡，副總統詹森繼任，深陷越戰泥淖。詹森之後的尼克森，強調美國與中華人民共和國關係正常化的重要性，尋求中國協助以解決越戰問題。尼克森在一九六九年一月的就職典禮上，表示要改善中美關係。一九七一年，國家安全顧問季辛吉密訪北京，安排尼克森訪中，為兩國建交鋪路。為此，尼克森要送北京一個大禮，就是讓中國進入聯合國。

那時，臺灣或許還有機會變更國名，或改以普通會員資格留在聯合國。一九七一年八月二日，美國國務卿羅吉斯（William Rogers）在記者會上，針對聯合國的中國代表權問題表示，美方支持中華人民共和國進入聯合國，但反對驅逐中華民國。

臺灣少數外交官員也試圖力挽頹勢。二〇〇六年美國務院公布的美臺關係文件〈臺北五八六九號〉檔案，提到美方外交官馬康衛（Walter McConaughy）於一九七一年十一月下旬，和臺灣外交部官員楊西崑有一段談話。楊說，一九七〇年冬天見到蔣介石，他建議蔣，「在不久將來，向世界正式聲明，表示臺灣的政府完全與大陸的政府分離，從此以後，此地的政府將與大陸沒有關係。」

楊西崑說：「聲明中應給此地（臺北）的政府一項新的名稱，即是：中華臺灣共和國。The Chinese Republic of Taiwan。」他說，用「中華」無任何政治意義，僅代表族群，猶如阿拉伯世界用「阿拉伯」一詞。

楊西崑也提到，張群時任總統府祕書長，曾於一九七一年夏天訪日時，攜帶日本首相佐藤榮作和前首相岸信介的極機密訊息給蔣介石：「中華民國的唯一希望是採取分離路線，放棄對大陸的主張和要求。」楊西崑沒有提到蔣介石的反應。

一九七一年十月二十五日，聯合國大會通過二七五八號決議案，「承認中華人民共和國政府的代表是中國在聯合國組織的唯一合法代表，是安理會五個常任理事國之一……並立即把蔣介石的代表從它在聯合國的組織及其所屬一切機關中所非法占據的席位上驅逐出去。」

從那一天起，十年之間，中華民國不僅被逐出聯合國，又和二十幾國斷交。臺灣成了國際孤兒，移民潮、逃亡潮一波波湧現。搶辦移民簽證的，是投資意願低落的資本家，以及達官顯貴——他們對臺灣這個「三民主義模範省」已失去信心。

資金代表信心。大量資金以各種名目流出，顯現出一九四九年以來最嚴重的信心危機。如果不是當時經濟逐漸起飛，臺灣人忙著賺錢，危機感會更沉重。這是一九七〇年代蔣經國接班後，面對的新形勢和新挑戰。

臺灣人民自救

逃亡，對臺灣人來說不是新鮮事。危邦不居，從乙未戰爭、二二八到白色恐怖時代，都有人搶著逃離這座島嶼。但是動盪的時代，也每每有一群人，不顧安危，挺身而出，捍衛家園。

對臺灣前途的討論，在一九六〇年代有明顯的變化。在此之前，部分臺灣人憧憬對岸的「祖國」前來「解放」，這些人已被國民黨捕殺殆盡；六〇年代以後，臺灣獨立的主張，漸漸成為主流。

臺獨思想形成的主要原因之一，是國民黨「大中國」的政治體制和意識形態，使臺灣無法民主化、正常化；同時，國共兩黨對「一個中國」的強硬主張，扼殺臺灣的外交空間。因此，以臺灣為主體，對內建設國家，對外重返國際，遂成為一種對臺灣前途的盼望。

一九六四年，臺大教授彭明敏和學生謝聰敏、魏廷朝計劃發表〈臺灣人民自救宣言〉，這是國內第一篇有宏觀思考和深度批判的臺獨理論。宣言提出三大目標：一，確認「反攻大陸」絕不可能。推翻蔣政權，團結一千二百萬人的力量，不分省籍，竭誠合作，建設新的國家，成立新的政府。二，重新制定憲法，保障基本人權，成立向國會負責且具有效能的政府，實行真正的民主政治。三，以自由世界的一分子，重新加入聯合國，與所有愛好和平的國家建立邦交，共同為世界和平而努力。〈臺灣人民自救宣言〉是一枚未爆彈。傳單還來不及散發，三人就被逮捕，依《懲治叛亂條例》起訴，謝聰敏判十年，彭和魏各判八年。

彭明敏坐牢年餘，當局在國際壓力下給予特赦，但派人在彭宅附近日夜監視，形同軟禁。一九六八年，彭明敏和傳教士友人討論脫逃的可能性。一九六九年，彭明敏察覺國民黨就要動手，下決心脫逃，進入細部規畫。在美國傳教士唐培禮夫婦（Milo & Judith Thornberry）和日本臺獨聯盟的宗像隆幸等外國人協助下，許多識與不識者，冒著高風險，偷天換日，相互接應，竟然完成了不可能的任務。

於是，一個被蔣介石視為頭號威脅的人，一個被特務二十四小時嚴密監視的獨臂人，奇蹟般從自宅逃脫，在國際旅行仍很罕見的年代，從臺北經香港、曼谷、蘇聯、丹麥，於一九七〇年一月五日現身瑞典。彭明敏日後形容，這次逃亡的複雜和困難，「好像要飛到月球」。

刺破黑幕

一九七〇年一月一日，以臺灣留學生為主幹，臺灣、日本、美國、歐洲、加拿大五地的臺獨團體正式合併為「世界臺灣獨立聯盟」（ＷＵＦＩ，一九八七年改名為臺灣獨立建國聯盟）。獨盟成立後，各地「臺灣同鄉會」也紛紛成立。一九七一年十月十八日，聯合國討論「中國代表權」問題，獨盟發動全球二十多處組織舉行「鎖鍊示威」。一九七二年一月，彭明敏接任獨盟總本部主席。一九七三年三月，黃彰輝牧師、林宗義教授、黃武東牧師、宋泉盛牧師，在紐約發表〈臺灣人民自決運動宣言〉，與九年前彭明敏師生的〈臺灣人民自救宣言〉，前後輝映。

一九七〇年四月二十四日在紐約行刺蔣經國的黃文雄，就是獨盟成員，當時是美國康乃爾大學社會學博士生。黃文雄，一九三七年生，新竹人，政大新聞系畢。退伍後再回政大新聞所，一九六四年赴美留學。他說，六〇年代是美國翻天覆地的時代。民權運動、學生運動、反戰運動、女權運動、環保運動分頭並進。他積極參與運動，並且反思臺灣的前途與困境，深感蔣家「超高壓」和「超僵硬」的獨裁統治，令人難以忍受。

他和幾名留學生時常討論，設定目標：第一，打倒蔣家威權獨裁政權；第二，建立民主政府，讓人民真正當家作主，決定國家未來的各種選項。

一九七〇年蔣經國訪美，他們決定行刺。蔣經國已於一九五三、六三、六五、六九年四度訪美。一九七〇年這一次，美方以高規格接待這位實權已超越「行政院副院長」職銜的總統接班人。

黃文雄一開始就決定自己開槍，並且近距離開槍，以免殃及無辜。代價是事後難以脫逃，不是當場被殺，就是被捕。

四月二十四日。午前，蔣經國抵達紐約廣場飯店（The Plaza Hotel），準備向「遠東美國工商協進會」發表午餐演講。他在嚴密護衛下步向大門，黃文雄從示威人群中衝出，舉槍指向蔣經國。

扣下板機的剎那，說時遲那時快，美方安全人員撲前隔擋。黃文雄的手被往上架開，子彈從蔣經國頭頂飛過，擊中飯店的玻璃旋轉門。

現場驚亂雜沓，黃文雄立即被高頭大馬的安全人員壓倒在地。他一邊掙扎，一邊大喊：「Let me stand up like a Taiwanese（讓我像臺灣人一樣站起來）！」隨後與躍身搭救他的鄭自才，雙雙被押入警車載走。

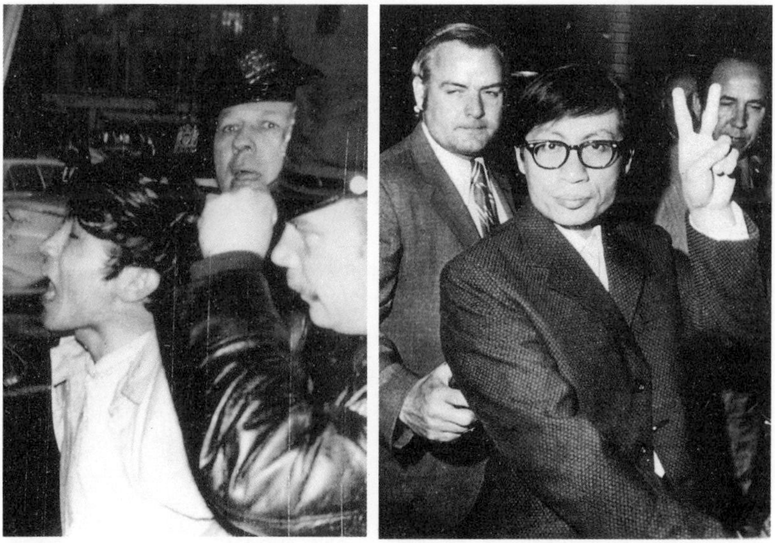

刺蔣失敗後遭美國警察逮捕的黃文雄（左）、鄭自才（右）。（鄭自才提供）

件」。

黃文雄那一槍，震驚了世人。槍聲刺破「自由中國」的黑幕，史稱「四二四刺蔣事

「暗殺了蔣介石的繼承人，就可以達成推翻蔣家，建立民主的目標嗎？」黃文雄知道沒那麼簡單，但他的確有個非常有限的目標——他說，即使小蔣死去，老蔣還會牢牢掌控臺灣。但若小蔣死去，父傳子的蔣家接班計畫就會失敗，國民黨內的接班權力鬥爭不得不重新開打，從而出現政治上的可能性。這個政治上的可能性，就是黃文雄的有限目標。

刺蔣現場，躍身搭救的鄭自才，是黃文雄的妹夫，建築師，時任臺獨聯盟祕書長。兩人被捕下獄，臺灣留學生和臺僑，拿出存摺，抵押房屋，跌破世人眼鏡，快速募集二十萬美元，保釋兩人出獄。次年，兩人棄保逃亡。鄭自才後來在瑞典被引渡回美國坐牢，黃文雄則展開長達二十五年的地下流亡。在全球友人和地下組織掩護下，隱姓埋名，持續關心各地人權運動。一九九六年返臺後，引領臺灣的人權運動更加深化、國際化，二〇一二年獲頒政治大學第一屆傑出校友。

臺灣大監獄

一九七〇年，蔣介石已經走到人生最後五年，仍無意收斂白色恐怖統治。蔣經國為了

接班，鎮壓民間反抗，較六〇年代更為緊張。

一九七〇年二月八日農曆正月初三，臺東泰源監獄的部分政治犯聯合臺籍士官兵、原住民青年，共一百二十餘人，呼應逃亡赴美的彭明敏，號召臺灣獨立，發動監獄革命。鄭金河、陳良、詹天增、鄭正成、謝東榮、江炳興等六名政治犯，奪槍越獄；警總隨即封山搜索，六人被捕。除鄭正成按計畫堅稱是被脅迫加入，遭判刑十五年六個月外，其他五人均被判死刑。

泰源監獄案是一九七〇年代前期代表性的政治案件，其他仍有多起，限於篇幅，茲不全列。左表的各案是其中一部分。這些案件真假都有，真案的真實程度深淺不一，假案的冤誣程度則匪夷所思。不論案件是真是假，統治者關切的是維持政權的政治計算，無關正義的是非曲直。

一九七〇年代前期政治案件舉要

年分	案名	案情與判刑	類型
一九七〇年二月	飛虹盟案	中學生計劃推翻中華民國，楊碧川、鄧聯凰十年。	臺獨案

（續下頁）

一九七〇年八月	黃明潭案	工人黃明潭被控明知彭明敏為叛徒而不檢舉，判五年（彭案餘波）。	臺獨案
一九七〇年十一月	荊棘案	媒體人李荊蓀與俞棘被指控為匪諜，李判無期，俞判五年。	匪諜案
一九七〇年十一月*	鍾廖權案	國中老師鍾廖權發表臺獨言論，判刑十年。	臺獨案
一九七一年二月	美新處、花旗銀行爆炸案	臺南美國新聞處、臺北花旗銀行發生爆炸案。謝聰敏判刑六年半（二進宮）；魏廷朝、李敖、李政一、郭榮文、詹重雄、劉辰旦、吳忠信五年八個月。	顛覆案
一九七一年三月	郭清淵案	國小老師郭清淵被控預謀推翻政府，判刑六年八個月。	臺獨案
一九七一年五月	小林正成案	臺獨聯盟日本本部成員小林正成來臺散發傳單被捕，判刑兩年，緩刑兩年，拘禁四個月後遣返。	臺獨案
一九七二年二月	成大共產黨案	成大學生蔡俊軍、吳榮元等人被控發展共產黨組織。蔡、吳判無期；林守一、吳錦江等十人十年；鄧伯宸、林台雄等七人感訓三年。	左翼案
一九七二年四月	溫連章案	溫連章受史明派遣，回臺發展組織（革命軍），判刑十五年，姜啟我十二年，柯文士和林國詳五年。	臺獨案
一九七二年六月	黃紀男、鍾謙順、張勝濱案	黃紀男、鍾謙順、張勝濱被控陰謀暗殺蔣經國，分別判刑十五年、十五年、十年。其中黃、鍾都是三進宮。	臺獨案

一九七二年九月	大同主義青年革命軍案	師大研究生洪惟仁被控受王競雄影響，成立組織預謀推翻政府，兩人都判十年。	顛覆案
一九七二年十月*	黃中國案	山東人黃中國被控在大陸期間參加共黨組織，來臺後又未自首，判死刑。	左翼案
一九七二至七五年	臺大哲學系事件	國民黨政工系統整肅臺大哲學系師生的事件。陳鼓應、王曉波、趙天儀等十三名教師不獲續聘，錢永祥被記大過，哲研所停招一年。	民主案
一九七三年	成大大陸社案	成大學生鄭春朝、許武華等人被控閱讀共黨書籍，討論如何顛覆政府。鄭、許判刑五年，胡添培感訓三年。	左翼案
一九七三年十月	鄭評案	商人鄭評受史明派遣，回臺發展組織（臺灣獨立黨），被判死刑。黃坤能、洪維和、林見中無期；游進龍和柯金鐘十年。	臺獨案
一九七四年四月	林清水案	工人林清水被控連續在公共場所書寫反動文字，判刑八年。	臺獨案
一九七五年八月*	原住民獨立案	花蓮原住民呂文華、呂文成兄弟等人被控密謀成立山地獨立運動組織，以建立山地獨立政府為號召。呂氏兄弟判刑十四、十二年，杜文義、秋賢嘉六年，鄭榮祥、詹登貴五年。	原住民獨立案
一九七六年二月*	林文章案	臺大醫師林文章被控撰寫反動文宣，郵寄全臺各地醫師，判刑八年。	左翼案

以上年分欄為破案（逮捕）時間，有*者為判決時間；案情欄多為官方說法。

每一樁鎮壓，每一個案件，都像地下伏流，可追溯到更多的不義與反抗，也牽引出更多的株連與抗爭。失敗的反抗者，一律被當局汙名化，也被剝奪發言權。長期湮沒的白色恐怖真相，仍待持續挖掘。目前已知數據，白色恐怖的政治受難者（指遭判刑或感訓的人，俗稱政治犯）至少有一萬多人，至於政治受害者（未判刑或感訓，但受政治迫害，如臺大哲學系事件師生）則更多。

親身經歷白色恐怖，自我放逐美國的作家王鼎鈞說：「槍斃不可怕，刑求可怕；刑求不可怕，社會的歧視可怕。」牢房是小監獄，整個臺灣是大監獄。

我的使命在這裡

瘖啞的年代，反抗事件屢起屢被撲滅，來不及發出聲音。其間，在臺灣島內以組織的名義，堂堂正正向全世界傳達人民心聲的，是臺灣基督長老教會的三次聲明。

第一次聲明的時代背景，是一九七一年「蔣介石的代表」被逐出聯合國，美國總統尼克森宣布即將訪問北京。情勢如此，長老教會總會認為不能再保持緘默，遂於十二月二十九日發表〈對國是的聲明與建議〉，強調：

我們反對任何國家罔顧臺灣地區一千五百萬人民的人權與意志，只顧私利而做出任何違反人權的決定。人權既是上帝所賜予，人民有權利決定他們自己的命運。

該聲明也具體要求政府「在自由地區（臺、澎、金、馬）做中央民意代表的全面改選，以接替二十餘年前在大陸所產生的現任代表」。

第二次聲明的背景，是一九七五年美國總統福特宣布即將訪問中國。國民黨對外毫無作為，對內則加強鎮壓，迫害宗教。警總特務和警察侵入聖經公會，沒收新譯新約聖經，阻止泰雅族原住民禮拜，沒收泰雅語聖經與聖詩，禁止長老教會使用臺語聖經。十一月十八日，總會發表第二次聲明〈我們的呼籲〉：一、維護憲法所賦予人民宗教信仰之自由；二、突破外交孤立困境；三、建立政府與教會間之互信互賴；四、促進居住在臺灣人民的和諧與團結；五、保障人民的安全與福利。

一九七七年八月美國總統卡特派國務卿范錫（Cyrus Vance）訪問中國，進行外交正常化談判；美中建交在即，第七艦隊勢必撤離臺灣海峽。總會認為，為了臺灣人民的生存，不能僅止於要求自決，必須更進一步主張臺灣獨立，表達人民的心向。

八月十六日，總會發表第三次聲明〈臺灣基督長老教會人權宣言〉，要求政府採取有效措施，「使臺灣成為一個新而獨立的國家」。國民黨統治下，這是臺灣人第一次公開發表臺獨的主張。

國民黨的政權屬性，有大中國、右翼、獨裁三大特色；鎮壓的重點對象，就是持臺灣主體、左翼、民主三種主張者，這是白色恐怖三大受害群。其中臺灣獨立、二二八、社會主義、組黨四者，尤其是禁忌。長老教會公開為臺獨發聲，冒了極大的政治風險。

長老教會從一八六五年起在臺灣扎根，有廣泛的在地信仰力量，和臺灣「國際孤兒」的外交處境相比，與國際社會的連結性更強。這是國民黨不敢對它採取極端手段的原因之一（相對於一貫道的禁教，或對錫安山新約教會的取締）。另一原因是，領導者不畏強權。

三次聲明的發表，關鍵人物是總會總幹事高俊明牧師。高俊明，臺南人，一九二九年生。他的祖父高長，是臺灣基督長老教會第一個信徒、第一個傳教士，也是第一個因傳道入獄的神職人員。高俊明從臺南神學院畢業後，長期巡迴山地傳道，二十八歲當玉山神學院第一任院長，在東海岸培育原住民傳教士達十三年。

高俊明一九七〇年被總會選為議長。總幹事求去，無人願意接任，他又被選為總幹事，遂辭去議長，就任總幹事。在那個艱困的時代，高俊明帶領教會發表三次歷史性的聲明。

多年後，他回憶關鍵時刻的抉擇：「同工們充滿危機感，也有毅然赴義的決心，所以好幾個人事先寫好遺言，交代萬一遭遇政治迫害，籲請大家基於信仰，勇敢地愛惜臺灣，繼續奮鬥。」

第三次聲明發表前夕，國民黨千方百計阻止，要求高俊明離開臺灣、移民或出國。高俊明說：「我的使命不在那裡。」國民黨說：「你若不出國移民，就別去山地演講、別去教會傳道或發表宣言。」高俊明說：「我的使命就在這裡。」

一九八〇年四月，美麗島事件後，他因為「藏匿施明德案」，判刑七年，坐牢四年三個月又二十一天，與祖父高長「為道犧牲」的義舉，百年呼應。

第二章

蔣氏父子

導演吳念真回憶：那時他正在服兵役，當安全士官。一個暴風雨後的清晨，他等因奉此，覆誦司令部的指令：「蔣總統去世，全軍配戴黑紗……」營長穿著內褲，從臥房衝出來大吼：「你不要命了，你！胡說什麼雞巴懶蛋！蔣總統怎麼會死？」

蔣總統萬萬歲

一九六〇年，國民大會修改《動員戡亂時期臨時條款》，讓蔣介石不受憲法第四十七條連任一次的限制，可不斷連任，成為終身職。同時成為終身職的，還有中央民意代表——他們是一九四七、四八年在中國選出的立法委員、監察委員和國民大會代表。

一九四九年，兩千多名中央民意代表隨國府來臺。此後數十年，這些民代始終宣稱代表數億中國人，其實早已喪失選區和選民的代表性，和臺灣人民更是毫不相干。除了極少數諤諤之士，絕大部分扮演黨國統治的橡皮圖章，並因此而需索無度。這是全世界絕無僅有的民意代表：有權力，無責任，待遇優渥，福利齊全，而且終身不必改選。

來到臺灣的千餘名國大代表，於一九五四、六〇、六六、七二、七八、八四年，每隔六年選一次正副總統。除了五四年（第二屆）民社黨推出徐傅霖競選，得票三%，其他五屆都只有一組候選人，得票率幾乎都百分之百。候選人和選舉人，就這樣私相授受而自肥，讓蔣介石、蔣經國父子接力當了七任總統（中間還有一位虛位總統嚴家淦）。

民國初年，袁世凱迫使清帝遜位有功，從孫文手上接任臨時大總統，躊躇滿志，意圖登基當皇帝。他愛用北方人，排斥南方人，名士王闓運寫了一副嵌字對聯，嘲諷「民國總統」。

上聯：民猶是也，國猶是也，何分南北。
下聯：總而言之，統而言之，不是東西。
橫題：旁觀者清。

蔣氏父子在臺灣「家天下」；愛用外省人、排斥本省人；在軍中灌輸五大信念：「主義、領袖、國家、責任、榮譽」，領袖排在國家前面，與此聯兩相對照，不分軒輊。

臺灣人對「永遠的蔣總統」敢怒不敢言，只能講講黑色笑話，以四個名人的名字來嘲諷蔣介石：

第一任是蔣介石
第二任是「于右任」（余又任）
第三任是「吳三連」（吾三連任）
第四任是「趙元任」（照原任下去）
第五任是「趙麗蓮」（照例連任）

蔣介石的行事風格，幾與皇帝無異。官方宣傳援引古代帝系語彙，塑造聖君形象。例如不可直言名諱，言必稱「蔣總統」或「蔣公」，書寫時講究抬頭（空一格或另起一行）。官員呈文蔣介石，以政治案件公文來說，有飭遵、奉諭、瀆呈、竊查、乞示、恭乞鈞核、簽請鑒核示尊……等封建字眼，就像上奏天子。

排場亦不可少。蔣介石座車從士林官邸出發，所經之處交通管制，出警入蹕。大建行館，全臺約四十處名山勝水清幽處，圈地設禁以供巡幸。過生日，全國軍民為他祝壽，被他囚禁的火燒島政治犯亦不能免。他喜聽民眾高喊：「蔣總統萬歲！萬歲！萬萬歲！」最典型的，是每年國慶日在總統府前動員數十萬軍民，營造「薄海歡騰，萬眾歸心」的氣象。

這種帝王崇拜，死後不歇。官方稱他的死為駕崩、崩殂，中正紀念堂採帝王陵墓設計；往後多年，到慈湖「謁陵」，是高官表達政治效忠的重要儀式。國家還有一套讓百姓宣示效忠的潛規則：在公開場所聽到「蔣公」或「蔣總統」，必須立刻端正坐好或立定站好，表示「恭聞聖號」。

小說家李黎在《昨日之河》回憶她的童年：

每年到了十月三十一日「總統華誕」當天，電影廣告就變得很奇怪，很多片名忽然不一樣了：凡是不好的字眼像「鬼」、「死」、「殺」之類的都不見了；連洋片《月落大地》也變成《大地》，第二天才又變回原名。

《臺灣新生報》副刊主編童常，一九七二年八月二十六日被押赴刑場槍決，他的死刑，照例由蔣介石簽名批准。他被誣為「潛匪」，這類案件是白色恐怖冤案的大宗。官方羅織他的罪狀之一，就是有一年「總統華誕」，該報副刊出現一篇名為〈鬼節〉的文章，犯了大忌。

反攻神話的騙局

蔣氏父子在臺灣施行近四十年的獨裁統治，關鍵字是：反共。反共，是國民黨政權的金字招牌。對外贏取美國和反共國家的支持；對內合理化一切人權迫害。

大多數外省人跟隨蔣介石來臺，結成命運共同體，國仇家恨，全部寄在反共帳上。蔣也開出支票：「一年準備，兩年反攻，三年掃蕩，五年成功。」

其實，早在一九五四年《中美共同防禦條約》簽定，就已排除中華民國發起臺海戰爭的可能性。一九五八年金門炮戰結束後，十月二十三日，蔣介石與美國國務卿杜勒斯（John Foster Dulles）發表聯合公報，明言，中華民國政府要恢復大陸人民的自由，主要途徑是實行孫文的三民主義，而非憑藉武力。

但這並非蔣介石的想法。他在一九六〇年代初仍祕密籌備「國光計畫」，準備反攻大陸。然而種種條件不足，計畫慘敗，事實證明反攻無望。

國際局勢不可能隨蔣的意志改變，但臺灣人民卻受他的支配，聽他的指揮。其中最悲慘的，或許要屬數十萬名「芋仔兵」。他們是隨國民黨撤退來臺的外省兵。他們被禁止結婚成家，以免影響反攻大業。直到一九九六年，還有十萬個老兵是單身。許多被抓伕來的阿兵哥，鄉關阻隔，無親無故，在軍營猶如在監獄，無盼無望。詩人王容〈監獄〉一詩，寫盡政策的不人道，和外省兵的悲歌：

無人過問，無人管，無人開釋的，
一座監獄，常年落著鎖。

無人打聽，無人採訪，無人探望的，

監獄裡囚的何等何類犯，無人知道。
一天一天的，不知有多少天。
一年一年的，不知有多少年。
犯者的掙扎微弱了，犯者的呻吟低啞了。

從無消息傳來。從無音訊涉及。
無限期囚著些無名犯——啊啊我！
我是一座無人查考的監獄。

為了反攻大陸，國家預算嚴重畸形分配。直到一九六〇年，軍事預算還占中央政府總支出八〇％。在國防預算的排擠下，社會福利預算被犧牲，學生教育權被犧牲，公共建設預算被犧牲。交通建設嚴重不足，單單以捷運系統為例，臺北就遠遠落後東京、香港、首爾。

蔣介石靠槍桿子起家。他在全臺遍植軍人與特務，也遍植標語和口號：「反共抗俄」、「消滅共匪驅逐俄寇」、「反攻大陸解救同胞」、「打倒蘇俄帝國主義」、「消滅朱毛匪幫」、「雪恥復國還我河山」、「毋忘在莒」。

這些標語和口號，從校園、政府機關、娛樂場所，到筆記簿、貨運單、酒標、香菸盒、請帖、車票、版權頁、榮民手臂上的刺青，無所不在。一九七〇年代，電視每天還要不定時播放軍歌。

除此，凡與大陸有關的名詞，一律加「匪」。匪區、匪書、匪黨、匪軍、匪幹、毛匪澤東、周匪恩來。所有的蘇聯領導人都是魔，如史魔（史達林）、赫魔（赫魯雪夫）。一九六〇年代中蘇交惡，敵人的敵人就是朋友，反共和抗俄脫鉤，一九六四年上臺的布里茲涅夫，始「恢復人籍」，稱為「布酋」。

與魔匪統治、受苦受難的鐵幕國家相比，臺灣正由「民族救星」和「世界偉人」掌舵，要帶領全國軍民打一場反攻聖戰。這個比國家還重要的蔣總統，他，怎麼能死呢？

蔣介石的末年

擔任兩蔣貼身侍從副官四十三年的翁元，口述《我在蔣介石父子身邊的日子》。書中說，一九六九年七月蔣介石在陽明山發生嚴重車禍，健康急遽惡化。七二年五任總統，連參加就職典禮都很困難，必須使用各種偽裝技巧撐場面。會場準備氧氣筒，醫療小組待命。新任大使呈遞到任國書的官方儀式，也都大費周章。

就職後兩個月，七月二十二日蔣介石心臟病發作昏迷。官邸火速自美國聘請心臟權威余南庚醫師來臺，成立醫療小組，移送榮總六病房急救。翁元說，這是老蔣的特別病房，與其他部門隔離，器材添置無經費上限，也可向其他醫院借調醫護人才和裝備。

翁元說，不只一次，外國醫學專家告訴總統醫療小組的成員：「世界上大概再也找不到第二個國家，可以像你們這樣，動員全部的人力物力財力，拯救國家元首的生命。」

蔣七月昏迷，次年一月才甦醒。國內外政治觀察家都慣於密切注意非民主國家元首的曝光次數，做為是否病重或死亡的判斷依據。為消弭死亡傳言，老蔣甦醒後，兩年期間，蔣宋美齡勉強安排四次露臉新聞。蔣的病情當然是國家機密，不准公開傳播，否則，戒嚴令下「造謠惑眾罪」將嚴刑伺候。

老蔣病篤期間，蔣經國幾乎天天報到，簡報政情，主導或建議人事布局，加緊接班準備。副總統陳誠在位時，小蔣名義上只是國防部副部長；嚴家淦當上副總統兼行政院長時，體承上意，立刻提名小蔣當行政院副院長。一九七二年小蔣排除宋美齡的阻力，升任行政院長。

關於士林官邸第一家庭，當時有一則「順口溜」。

上聯：一切為夫人（宋美齡）
下聯：天下為公子（蔣經國）

強人之死

一九七五年四月五日，八十八歲的蔣介石過世了，死因是多重疾病併發心臟衰竭。行政院隨即宣布，四月六日起開始為期一個月的國喪，軍公教人員一律著素服，戴黑紗。

副總統嚴家淦依法繼任。二十四天後，國民黨修改黨章，推舉蔣經國為黨主席。他在慈湖守靈，全國人民也被迫在每個角落守靈：官兵禁假，讀蔣公遺訓；各級學校教唱〈蔣公紀念歌〉，動員學生大排長龍，瞻仰蔣公遺容；電視節目從彩色改黑白，全國娛樂場所停業一個月，如喪考妣。

蔣介石的遺囑，死後由文膽秦孝儀執筆，追加宋美齡、嚴家淦、五院院長的簽名，落款日期是三月二十九日。這份遺囑，法律上是偽造文書，政治上卻是全民教材。中小學生都要背誦和默寫，考試必考。

出殯當天，軍公教學生和民眾，或主動或被迫，夾道恭送移靈。「路祭跪拜」的場面，從臺北延伸到桃園。

嚴家淦繼任總統後，自行虛位化，事事以小蔣為先；宋美齡遠走美國。從此，小蔣獨攬大權。同時期，臺灣快速變化，新生的社會力源源湧出。他和臺灣民間力量互相糾纏拉扯，朝向難以預料的前方而去。

蔣經國全面掌權

蔣經國生於一九一〇年，年輕時曾傾心共產主義，留學蘇聯兼當人質前後十二年。回國後，到贛南工作，組訓三青團。一九四九年在上海整頓金融，「打老虎」慘敗。之後隨蔣介石來臺，一路擔任國防部政治部主任、總統府資料室（國家安全局前身）主任、救國團主任、國防會議副祕書長、退輔會主委、國防部副部長、國防部長、行政院副院長，行政院長、總統。

黨職方面，一九五〇年任國民黨改造委員，進入決策核心；一九五二到七八年都是中常委。小蔣在國民黨權力結構中，一路挺進，接班之路雖有若干政治鬥爭，尤以陳誠派和夫人派為主，但無礙父傳子的既定安排。

蔣經國從特工起家，一九五〇年開始，掌管全國情治系統，是特務頭子。老蔣常著戎裝出場，小蔣則著西裝或便服亮相，形象宛如文人，其實軍階曾拜二級上將，軍人統治的本質並無改變。

蔣經國不喜歡讀書，對民主、自由、人權也興趣缺缺。一九五五年，他接受美國學者懷廷（Allen S. Whiting）訪問，理直氣壯說：「在亞洲，一黨專政是唯一統治的辦法。政工、特務、青年救國團被共匪攻擊得最厲害，美國的誤會也最深，但唯有如此，才能反共……只要中共存在一天，我們就永遠沒有民主。」

老蔣死後，政治標語也進入新時代，小蔣推出非軍事化的口號「三民主義統一中國」。反攻大陸云云，被技巧性地揚棄。

同樣是造神運動，小蔣不像老蔣維持高度神祕感，只在閱兵、接待外賓、視察前線時才露個臉。從「蔣院長」時代起，報紙和電視新聞總是小蔣視察地方建設，訪問農村、山地和離島，到處吃小吃，和老人婦孺握手，抱小孩，彷彿全中華民國只有他這個行政長官在幹活。

新造神運動

作家吳繼文在〈記憶・邊緣・迷路：一段異質的年代軌跡〉一文談到，一九七二年九月，他從旅居的日本返臺，在臺北補習，準備隔年考大學。他說：「在與朋友的通信中，我屢次談到對臺灣新造神運動的不滿：國民黨為了蔣經國順利接班而對全民展開的赤裸裸的、肉麻兮兮的政治文宣攻勢。調查單位開始注意我，但沒有約談。調查站的人直接去嚇唬我的母親，使得我的母親以為我參加了什麼非法組織，因而陷入極大的恐慌。我只能憤怒、詛咒，但這是臺灣，是我自己選擇的臺灣。」

七〇年代的世界，延續六〇年代的學生運動、左翼運動、嬉皮文化，年輕世代反體制、挑戰傳統價值。美國十萬人參加華府反越戰大示威（一九七〇年），智利選出馬克思主義者阿言德為總統（一九七〇年），《紐約時報》連載關於越戰機密的《五角大廈祕件》（一九七一年），聯合國人類環境會議在斯德哥爾摩通過〈人類環境宣言〉（一九七二年），美國總統尼克森因為水門案辭職（一九七四年），巴勒斯坦以觀察員身分進入聯合國（一九七四年），美蘇太空人在地球一百四十英里上空握手（一九七五年）……當然，還有一九七九年的三哩島核電事故。

這些國際事件，不斷開展當代世界史的多元視角、多元觀點、多元價值。但在臺灣，這些事件很少受重視，甚至很少有報導。臺灣只有單一的視角、觀點和價值，那就是官方的意識形態。

大陸工程公司董事長殷琪回憶，七〇年代末，她從美國返臺工作。她說，家裡訂的英文雜誌，敏感字詞塗黑，有幾期永遠收不到。「我覺得不能呼吸了，這裡沒有自由的空氣。」

禁禁禁

世界潮流風起雲湧，相形之下，臺灣的校園和街頭，非常平靜，像育嬰室。準軍事管理，觸鬚伸入生活細節：中小學實施髮禁（小平頭、清湯掛麵頭），中大學實施舞禁（不得開舞會）；警察當街取締「奇裝異服」，男士留髮過長，一律帶到警局剪短，多名男藝人也因留長髮而遭取締。

七〇年代仍是禁忌的年代。報禁、黨禁、集會遊行禁、民營電臺禁、母語禁。一九七〇年，黃俊雄福佬話布袋戲《雲州大儒俠》大受歡迎，當局強迫停播；一九七一年，教育部函令三家電視臺，每天方言節目不得超過一小時，每天只能播出兩首臺語歌。一九七二年，行政院下令「暫緩接受籌設各級私立學校之申請」，把民間辦教育的權利也禁了。

另一個徹底執行的禁忌是「左禁」。此禁到後來近乎杯弓蛇影，描述社會底層窮苦生活的作品，常被刁難或查禁。一九七七年的鄉土文學論戰，反鄉土文學者也是把鄉土文學扣上「工農兵文學」的大帽子。

那是一個沒有人民主體性、臺灣主體性的時代。電視新聞或節目，人人安居樂業，感謝政府「德政」。國內新聞以臺北市的黨政要聞為主，除非重大災難或總統、院長出巡，幾乎沒有外縣市的風貌。教育內容亦然。大部分學生能背誦中國三十五省和河流鐵路，臺灣有哪些縣市和重要鄉鎮，卻是茫然不知。

吹臺青

被國際孤立，「中華民國」的招牌不管用，國民黨統治的正當性，遭到更多質疑。隨著本土反對勢力的增長，外省人獨占的權力結構，已必須調整。

一九七二年，蔣經國組閣，開始啟用「青年才俊」和臺灣人。後者包括：徐慶鐘任副院長，林金生當內政部長，高玉樹當交通部長；李登輝、李連春、連震東為政務委員，謝東閔任臺灣省主席，張豐緒任臺北市長。在此之前，臺籍人士頂多擔任酬庸性質的職務，像黃國書任立法院長（一九六一年）、徐慶鐘任內政部長（一九六六年）之例，極為少見。

李登輝，當年四十九歲，踏上學者從政的第一步。他是三芝人，生於一九二三年。二十歲赴日就讀京都大學，戰後返臺，臺灣大學農業經濟系畢業後，任農學院助教。和蔣經國一樣，青年李登輝曾傾心共產主義，也加入共黨組織（省工委），後來退出。

一九六〇年，李登輝遭調查局約談，拘留四個月；一九六五年，前往美國康乃爾大學攻讀農業經濟博士學位，一九六八年學成返國。一九六九年，又遭警總約談一星期。

一九七一年，李登輝由經濟學者王作榮推薦，加入國民黨。一九七二年被蔣經國延攬入閣。六年後，任臺北市長；一九八一年，任臺灣省主席；一九八四年，任副總統；一九八八年，蔣經國去世，李登輝接任總統和國民黨主席。

蔣經國提拔臺灣人，既得利益者無法釋懷，語帶嘲諷，以歌星崔苔菁為諧音，取名「吹臺青」，譏為「善於吹捧、吹牛的臺灣青年」。那一波的吹臺青，還有施啟揚、梁國樹、翁岳生、張豐緒、林洋港、邱創煥等人。但李登輝認為，蔣經國用人仍以外省人為中心，臺灣人只是「搭配」。

十大建設

一九六九年，蔣經國出任行政院副院長，開始主持財經決策。老蔣晚期最重用的財經首長李國鼎說，蔣經國對財經問題並不太瞭解，卻很固執，尤其迷信穩定物價，喜歡大型公共投資，卻不肯加稅。

三年後，蔣經國接任行政院長。次年發生石油危機，油價一年內從每桶美金二元漲到十元，蔣經國堅持物價一年內不得調漲。財經官員都反對，因為實際不可行，黑市價格已飛漲數倍，民不聊生。蔣經國不予理會，他成立五人財經小組，每星期開會一次，由院長召集。參加者有財經二部長、央行總裁、行政院祕書長、主計長。李國鼎說，該會議沒有議程，沒有幕僚；大家報告重要事件，很少做決策，小蔣一人說了算。

一九七三年十一月，蔣經國宣布進行「十大建設」。蔣介石視臺灣為「反攻跳板」，充滿過客心態，各項建設都缺乏長遠計畫，都像違章建築。孫運璿回憶他任職臺電時，規劃六個五年電力計畫，預估未來三十年的用電情況。立法委員指著他罵：「孫運璿，你搞什麼鬼！還想不想反攻大陸？」

十大建設，是戰後臺灣最大的公共投資案。之前二十年，國家預算絕大多數用於軍事，基礎建設闕如。十項建設中，有六項屬交通運輸，如高速公路、鐵路電氣化、北迴鐵路、桃園國際機場、臺中港、蘇澳港。重工業建設有大造船廠（中國造船公司高雄總廠）、大煉鋼廠（中國鋼鐵公司）、石油化學工業（中國石油公司高雄煉油總廠）；能源建設有核能發電廠。

小蔣逕自宣布這項重大政策時，財政部長李國鼎嚇一跳，許多財經官員也都被蒙在鼓裡。十大建設工程浩大，五年內投入五十億美元，平均每年十億，相當於外匯存底的四〇%和流通貨幣的六〇%。但小蔣照樣一個人說了算。

被視為小蔣畢生功業代表作的十大建設，以成敗論，高速公路、北迴鐵路、桃園國際機場，是臺灣經濟轉型的基石之一；蘇澳港、臺中港形同虛設；核一、核二，禍害至今。十大建設的政治意義，是宣示臺灣不再只是跳板，納稅人的錢不再只是養軍隊買槍炮，而是用在搬不走的基礎建設。十大建設被媒體塑造成「德政」，此後歷任行政院長都如法炮製。一九八四年俞國華推出十四項建設，一九九一年郝柏村推出六年國建，二〇〇三年游錫堃推出新十大建設，二〇〇八年馬英九推出愛臺十二大建設……

蔣經國啟用吹臺青，推動十大建設，是基於國民黨政權本土化的企圖；結交臺籍有力人士，構築利益共同體，鞏固國民黨統治的優勢。簡言之，就是把國民黨壟斷的政治和經濟資源來個「大秤分魚肉，小秤分珠寶」，以換取政治效忠。此舉支撐小蔣度過政權危機，甚至使他可以騰出一隻手，強力壓制反對運動。這正是分贓和迫害兩手並行，所謂「蔣經國統治模式」。

第三章

回歸本土

《臺灣政論》副總編黃華出去買點心，遲遲未歸。

有人擔憂了，打算出門尋找。一下樓，只見黃華提著一袋包子，呆呆站在門口。

原來，黃華坐牢的歲月太長，像日本童話的浦島太郎歸來，不知如何使用對講機，不知如何開門上樓。

臺灣之春

每個人有各自的時代標記。對一些人而言，七〇年代是「蔣經國時代」的來臨；對另一些人來說，七〇年代起於《大學雜誌》創刊，終於《美麗島》雜誌停刊。

《大學雜誌》原是小眾刊物，一九六八年一月由臺灣大學心理系畢業的鄧維楨創辦，走思想文化路線。半途接手的張俊宏，因為這本雜誌，人生起了大轉折。張俊宏，一九三八年生，南投人，其父張慶沛曾任國小校長和兩任南投鎮長。張俊宏從臺灣大學政治系、政治研究所畢業後，任職中央研究院近史所，從事口述歷史工作。他加入《大學雜誌》幫忙拉訂戶，提供住家當編輯部。《大學雜誌》銷路不佳，搖搖欲墜，找人接辦被刁難。張一時熱血，說：「妓女脫了褲子還可賺錢，我們奮鬥而來的雜誌，無條件供給別人，還要貼錢，難道智識分子連妓女都不如？我想辦法來籌錢，大家原班人馬做下去！」一九六九年開始，張接下《大學雜誌》，同年，進入國民黨中央黨部工作，也把雜誌帶進去。

七〇年代初，由於國際情勢惡化，政治改革、救亡圖存之聲四起。《大學雜誌》於一九

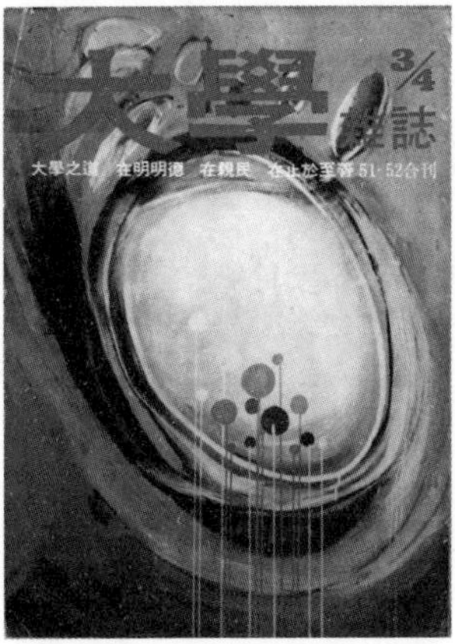

《大學雜誌》揭開了七〇年代的臺灣之春

七一年一月改組，以張紹文為主的臺北青商會系統，和丘宏達、楊國樞等海內外青年學者加入陣容。以雜誌的形式帶入問政運動，張俊宏形容是「智者」與「權者」的合作典型。

轉型為政論刊物後的陣容，包括名譽社長丘宏達、社長陳少廷、總編輯楊國樞，社務委員多達五十七人。作者群涵蓋李登輝、施啟揚、孫震、陳鼓應等人。《大學雜誌》大鳴大放兩年，青年參與政治熱潮高漲，有人稱之為「臺灣之春」。

大鳴大放之中，張俊宏認為有三篇文章影響朝野甚鉅。其一，是張景涵（張俊宏）、張紹文、許仁真（許信良）、包青天（包奕洪）合寫的〈臺灣社會力分析〉。在社會劇烈轉型的彼時，剖析舊式地主、農民及其子弟、知識青年、財閥、企業幹部、中小企業主、勞工、公務員等不同階層的性格。建議當局適才適用，從事社會建設。這篇文章蔣經國曾要求黨團幹部詳加研讀。

其二是，楊國樞、張俊宏、高準、陳鼓應、許信良、蘇俊雄等十五人，聯合署名發表的〈國是諍言〉。從人權、經濟、司法、立法、監察等方面，討論國體、政體、法統等問題；並提出政治改革主張，呼應同年初臺灣省議會決議的「全面改選中央民代」，挑戰國民黨的法統論。〈諍言〉強調：

> 二十幾年來，我們始終在維持著一個龐大、衰老而且與廣泛大眾完全脫節卻以民意為名的特權集團……背負著此一累贅的包袱，不但在國際聲譽上始終留下了無法消除的陰影，更使得國內廣大的民眾長久地失去關懷他們和代表他們的最高民意機構。

其三是，王文興、呂俊甫、林鐘雄等人聯名發表〈國是九論〉：一論基本人權，二論人事與制度，三論生存外交，四論經濟發展方向，五論農業與農民，六論社會福利，七論教育革新，八論地方政治，九論青年與政治。並建議執政者，與全民討論國是。

一九七二年三月，蔣介石、嚴家淦當選第五屆正、副總統；六月蔣經國就任行政院長，提出十項政治革新，準備增選中央民意代表。《大學雜誌》舉辦「中央及地方選舉問題」座談會，八月發表〈二十五年來臺灣選舉史的探討〉。

即使是臺灣之春，春風拂動也僅只搖弄花枝，無法消融凍土。《大學雜誌》的政治革新言論，執政者聽來如芒刺在背，尤其是陳少廷〈中央民意代表的改選問題〉，直指：「中央民

《臺灣社會力分析〉一文造成轟動，還出版成書。

意代表最令人詬病的一點是，他們業已失去代表性。目前多達二千名的中央民意代表中，除了五十八年十二月臺灣地區增補選的二十七位之外，其餘都是在民國三十六、七年間選出的……古今中外，三百六十行之中，絕不應該有終身職的中央民意代表。這除了給歷史留下一個笑話之外，還有什麼呢！」該文主張國會全面改選，國民黨怒不可遏，智者與權者的蜜月期，就此結束。

一九七二年四月四日起，《中央日報》連續六天刊登署名「孤影」的〈小市民的心聲〉，撻伐《大學雜誌》，反對學生運動、反對學術自由、反對自由派知識分子。作者說：「我的政府能讓我平平穩穩維持一個卑微的生存，我已經十分滿足。」執政者大喜，將文章印發百萬本小冊廣為宣傳。

臺大師生是保釣運動、救亡圖存時代風潮的要角，常舉辦座談會，縱論政情，當局決定對臺大展開整肅。警總以職業學生馮滬祥為打手，校方全力配合，一九七三年初動手修理哲學系，逮捕學生錢永祥、黃道琳，約談教師陳鼓應、王曉波。後來雖都保釋，但暑假即解聘副教授陳鼓應，哲學研究所停止招生一年。隔年，又以非學術理由，陸續解聘代系主任趙天儀等十餘名教師。這就是臺灣學術史上最可恥的「臺大哲學系事件」。除了臺大，其他學校也有學生被警總、調查局約談或逮捕。識者皆知，春天結束了。

時移事往，一九七三年初，《大學雜誌》分裂，楊國樞辭總編輯，社長和編輯委員的名字也從雜誌上消失。國民黨對雜誌成員，一邊收編，一邊打壓，能拉攏就拉攏，不能拉攏就制裁。

張俊宏離開國民黨中央黨部，一九七三年底退黨參選臺北市議員，落選，又被迫離開《大學雜誌》，被迫離開世新教職，漸漸走上執政者眼中的「叛黨者」和「叛國者」之路。

大夢者許信良

《大學雜誌》的風雲人物之一許信良，一九四一年生，桃園客家人，農村子弟。少有大志，小學畢業紀念冊的照片，自題「大總統」三字。第一志願就讀政大政治系，積極投身國民黨。他認為，國民黨是唯一合法且可以「貢獻社會人群」的政黨。

一九六七年，許信良考上國民黨中山獎學金，到英國愛丁堡大學攻讀哲學碩士，深受世界左派學運和反越戰風潮的影響。一九六九年返臺後，進國民黨中央黨部第一組當幹事，頂頭上司陳建中賞識他的才華，大力提拔。

在《大學雜誌》，許信良和張俊宏等人合作，發表幾篇重量級文章指陳時弊，朝野傳誦。一九七一年，中華人民共和國取代中華民國在聯合國的席次，留美學生馬英九、趙少康、關中、鄭心雄等人在華盛頓成立「全美中國同學反共愛國聯盟」（簡稱愛盟）。同為國民黨栽培的留學生，許信良的想法大相逕庭。

許妻鍾碧霞回憶，臺灣被逐出聯合國那天，她第一次看到許信良哭泣。許一邊哭一邊說：「他們自欺欺人，叫老百姓處變不驚，其實現在最重要的是隨機應變。」《大學雜誌》被打壓，成員討論未來前途，許信良主張：「大家都回去選舉！」他認為，知識分子要靠自己，不能寄望國民黨。他打算回桃園選舉，「我要開始一生的政治事業，用選舉來結合民眾，不能當選也要選。就像毛澤東打游擊一樣，你總要開始結合民眾，在臺灣就是選舉。」他和張俊宏的命運，雖殊途而同歸。一九七三年因國民黨提名，當選省議員；一九七七年退黨參選縣長，也走上執政者眼中的叛黨叛國之路。

不扮演自由「中國」

寫文章、辦刊物，是民國以來知識分子的傳統，或知識啟蒙，指引時代方向，或以筆桿子對抗槍桿子。早期臺灣政治人物，因為受日本教育，改朝換代後，面臨難以跨越的語文鴻溝，有口難開，有手難寫。直到戰後新生代崛起，終於也能像外省知識分子，寫文章辦刊物了。一九七五年八月《臺灣政論》問世，臺灣二字堂堂掛帥，不再扮演自由「中國」，標誌了重大的時代意義。

《臺灣政論》的陣容包括：發行人黃信介，社長康寧祥，法律顧問姚嘉文，總編輯張俊宏。副總編輯有兩人，張金策——前礁溪鎮長，被國民黨迫害、停職，判刑十年，當時正交保候傳中；黃華——剛出獄的政治犯；以及雜誌社的靈魂人物郭雨新。老中青三代，戰後臺灣知識青年和傳統黨外老將合作，「黨外雜誌」出航了。

發刊詞直指臺灣的困境：「石油危機給予島內經濟沉重的打擊。蔣公過世，中南半島潰敗，菲律賓、泰國與中共建交，一連串的事件，迫使我們面臨一個新的艱難的困局。」在此困局，《臺灣政論》自許搭起「民間輿論的發言臺」。

張俊宏的妻子許榮淑說，因為辦雜誌，張家根本是開放的，天天都有人來。各路人馬聚集，縱談時勢到天明。許信良常常睡在客廳沙發，稱

郭雨新（後右一）、黃信介（左二）、張俊宏（後右二）與外國記者。《臺灣政論》結合老中青三代。（郭時南提供）

這裡是「張俊宏學校」。許榮淑說，許信良聰明，膽子大，鼓勵大家「要造反」。

張俊宏分析《臺灣政論》和《大學雜誌》的四大差異。其一，《臺灣政論》和國民黨完全沒關係，沒聯繫，各說各話；其二，《大學雜誌》以知識分子為主，《臺灣政論》完全由從事地方選舉運動的人士來主導，前者坐而言，後者起而行；其三，起而行的人，更重視現實的政治問題；其四，清一色是臺灣人。

《臺灣政論》各方爭讀，第一期再版五次；到第五期，已有五萬份的銷售量，兩千份的海外訂戶。在苦悶的七〇年代中葉，《臺灣政論》彷彿一線曙光，捎來一絲希望。

膾炙人口的文章，包括姚嘉文發表〈一百八十六比一的差異〉，討論為何高普考還要論省籍？當時高普考錄取名額，一直是根據以前在大陸時的人口比數，亦即，每一個在臺灣的外省人，擁有比臺灣人高一百八十六倍的錄取機會。該文轟動一時，引起強烈共鳴。高普考照省籍比例錄取是荒謬不公平的政策，公家機關形同外省人的轄區，臺灣人在自己的土地上淪為次等公民。

《臺灣政論》被當局視為激進，視為地方主義。張俊宏認為，《臺灣政論》從頭到尾主張「溫和漸進的改革路線」。只不過，隨著蔣經國權力穩固，改革的呼聲已變成噪音，改革者也被貼上「分歧分子」的標籤。

孟嘗君黃信介

《臺灣政論》發行人黃信介，一九二八年生，臺北大龍峒人，是日治時代左翼政治運動者連溫卿的外甥。黃信介出身富裕，個性豁達好冒險，十二歲自公學校畢業後，赴日本半工半讀，念東京上野中學。一九四八年考取北京大學政治系，逢國共內戰未能成行，轉而就讀臺灣省立行政專校（今臺北大學）。

黃信介二十幾歲就是選舉場的大將。李登輝回憶，他初見黃信介是在一九五七年，高玉樹第二次競選臺北市長。李和丈母娘一起去聽政見會：「我聽到黃信介鼓吹民主運動對臺灣的重要性，我直覺這位先生很厲害！戒嚴下，藉著市長的選舉來強調民主政治，讓我和許多人受到很大的鼓舞。」

戲劇化的是，李登輝和黃信介，兩人面對面握手言歡，是三十三年後的一九九〇年。前者是總統，後者是民進黨主席、坐牢七年半後出獄的政治犯。李登輝邀請他參加國是會議。

話說回來，一九六一年，三十三歲的黃信介當選臺北市議員，一九六四年連任。其間參與雷

《臺灣政論》創刊號

震、李萬居、高玉樹、郭雨新等人的組黨運動。一九六九年當選第一屆「補選立委」——所謂「中華民國自由地區」的立委，共十一席。那年他四十二歲，成為最年輕的「終身職立委」。蔣經國組閣時，挨家挨戶拜訪立委，黃信介說：「我故意穿一條短褲去開門。」

一九七九年，黃信介因美麗島事件下獄。一九九一年，因李登輝特赦，恢復公權，也復職立法委員。他馬上發表〈請與我一同告別舊時代〉的辭職聲明，呼籲當了四十多年的老立委、老國代一起辭職，以促進國會全面改選。「老法統」們沒人理他。

陳菊形容黃信介是「臺灣的孟嘗君」。他重義輕財，不拘小節，在幾次民主運動的關鍵時刻，發揮了決定性的作用。

《臺灣政論》停刊

做為第一本黨外雜誌，《臺灣政論》的盛況只持續五期，就被國民黨政府勒令停刊一年。主要理由是：刊出邱垂亮的〈兩種心向〉一文涉嫌「煽動內亂」。

邱垂亮是澳洲昆士蘭大學教授，〈兩種心向〉提到他和鋼琴家傅聰及美國某位柳教授的對話。所謂兩種心向，指的是「他（柳教授）相信臺灣人民想『當家做主』只有兩條路可走：第一是臺灣本土人民武裝起義推翻國民黨的獨裁統治；第二是臺灣人民團結起來奮鬥，爭取早日和『祖國』和平統一。」國民黨政府無法忍受這種言論，更無法忍受《臺灣政論》集結老中青三代臺灣人，與日俱增的社會影響力。

除了停刊，新上任的立法委員陳顧遠等三十五人，聯名質詢，要求辦人：「依刑法第一百條凡意圖破壞國體、顛覆政府，而著手實行或預備陰謀進行者，均有處刑之規定。又按《懲治叛亂條例》第六條、第七條，凡傳播不實之消息，足以妨害治安或搖動人心，或以文字圖書演說為有利於叛徒之宣傳者，亦均有處刑之規定。凡此皆所以安民主自由之國本，塞顛覆叛亂之禍源……」

雜誌社關門，張俊宏、黃華為了維生，向親友借錢，一九七六年在西門町開「相見小吃」，賣排骨麵和甜不辣。張俊宏為此寫了一篇告諸親友、顧客的開張書：「……由於水土不服，俊宏仰不足進議堂為市民發言，俯也無法再教書和辦雜誌。年來精研排骨麵，而今略有心得，乃想公開它來為民服務，另外也想附帶嘗試為讀書人開拓比較廣的出路……」

相見小吃的生意非常好。門口擺一個大油鍋，張、黃兩人忙著炸排骨、做春捲，或擠在後面小廚房洗碗。樓上牆面掛著四大幅宣紙，寫「龍飛鳳舞」四字，空白處供顧客題字，形形色色，非常熱鬧。許信良寫了：「相如沽酒，困頓不失才子；秦瓊賣馬，落魄更見英雄。」

在亂世，「碩士掌廚」、「知識分子炸甜不辣」也行不通，因為國民黨並不鬆手。警察頻頻叫黃華去問話，附近商家常被警告，說這家店有問題，最好不要去吃，房東屢屢被警察查戶口……生意愈來愈差，人心惶惶。六月，楊金海和顏明聖被捕；七月二十七日，黃華被捕，張俊宏被二十四小時跟監。張說：「黃華被捕前後的這段時間，是臺灣政治氣候最暗晦、最慘澹的時候，也是最敏感的時候。相見小吃成了西門町的是非之地，人人走避之。」

黃華，基隆人，一九三九年生。青年時期就對政治有高度使命感，二十四歲以「中國自由黨」名義參選基隆市議員，被以「甲級流氓」罪名送小琉球管訓兩年半。出獄後，一九六六年參加「全國青年團結促進會」，主張臺灣獨立建國，次年被捕，以叛亂罪名判十年徒刑。黃華在獄中自修英文和國際政治，寫文章，練習北京話演講。一九七五年出獄，投稿《臺灣政論》，不久被聘為副總編。雜誌停刊後，黃華三度被捕，交付軍法審判，判刑十二年。一九八七年，出獄；一九九〇年，又因推動「新國家運動」和總統民選運動，四進宮。總計坐牢二十三年，是白色恐怖時代的「大坐牢家」。

《臺灣政論》另一名副總編張金策，則和另一名遭受政治迫害的嘉義縣議員吳銘輝，在臺獨聯盟安排下，一九七七年五月偷渡出境。從琉球、日本轉往美國，出席美國國會舉辦的臺灣人權聽證會，指控國民黨迫害黨外人士，停刊《臺灣政論》。

老驥伏櫪郭雨新

一九七五年底郭雨新參選立法委員，敗選，打選戰官司。那一場敗選和官司，被稱為「虎落平陽」。他的助選員兼辯護律師林義雄，引法國哲學家蒙田的話「有些失敗比勝利更勝利」，來詮釋虎落平陽事件。

郭雨新，宜蘭人，一九〇八年生，臺北帝國大學農林專門部畢業後，就職林本源興殖株式會社。戰後，一九四八年加入中國青年黨；之後被遴選為省參議員，連任第一、二、三屆臨時省議員，和第一、二、三、四屆省議員，前後長達二十二年。

郭雨新在議會有「小鋼炮」之譽，常為弱勢發言，批評國民黨黨政不分、黨國不分。是省議會「五虎將」（吳三連、郭國基、李萬居、郭雨新、李源棧），或「五龍一鳳」（五龍即五虎，一鳳為許世賢）之一，也參與雷震組黨行動。組黨失敗後，他繼續對抗強權，維繫反對運動的命脈。一九七五年，催生《臺灣政論》，協助募款。每個月聚會，把老一輩政治人物如雷震、齊世英、高玉樹介紹給新生代，意在薪火相傳。

彭明敏《自由的滋味》一書，談到他逃亡前臺灣政治情勢之險惡：「我聽說安全單位已經決定，臺灣如果發生動亂，有三個人要立刻毀滅：一個是臺北市長高玉樹，一個是省議員郭雨新，第三個便是我。」

莊益增、顏蘭權的紀錄片《牽阮的手》，當中的男主角田朝明是人權工作者，也是郭雨新的家庭醫師。田朝明曾在郭家牆角看到小包袱，備有內衣褲和盥洗用品。郭雨新說，他隨時準備被國民黨逮捕。

一九七五年立委選舉仍採大選區制，第一選區包括宜蘭縣、基隆市和臺北縣。郭雨新以「不死的虎將」、「臺灣民意的領航者」為號召，文宣簡潔犀利，成為日後黨外文宣的特色。歷史學者李筱峰評論：「郭雨新的政見，可說是累積了《自由中國》、《大學雜誌》及《臺灣政論》以來的訴求內容，其中部分可說是《自由中國》時代內容的延續。」

郭的文宣所傳遞的資訊，媒體一律封鎖，至今觀之頗有史料價值。下面這篇文宣儼然是臺灣戒嚴史的要覽，內容如下。

現代民主國家應有什麼	我們所看到的又是什麼
1. 全民社會福利	公務員本身之外，生、老、病、死自行料理。
2. 生存、工作權的保障	除了「忠貞」黨員外，人人自危。
3. 國民的自由出入國境	官員、歌女說走就走，小民出國只有鑽洞。
4. 非軍人不受軍法審判	只要高興，平民照樣以軍法判刑。
5. 祕密通訊的自由	郵電隨時被檢查或監聽。
6. 獨立公正的司法	黨政介入司法審判。
7. 資源國有，企業自由競爭	黨營企業壟斷國家資源。
8. 青年學生關心時政	軍訓教官嚴格管制。
9. 學術、著述受尊重	教授講學受限制，教師七小時看管。
10. 言論出版的真正自由	批評黨政，身家生命危機重重。
11. 黨政經費自行籌募	國民黨經費列入各級政府預算之內。
12. 集會、結社的自由	非國民黨的集會結社必須事前請准，還要有治安人員在場。
13. 充分的新聞自由	黨報、官報之外、兩家民營大報的大老闆是國民黨的中央委員。
14. 戒嚴令絕不超過六個月	長達二十七年的戒嚴。

（續下頁）

15. 公平、公正、公開的選舉	說說而已，照搞不誤。
16. 情報治安單位維護國家安全	全神貫注，對付黨外自由人士。
17. 政策失敗，政務官引咎辭職	再大的錯，笑罵由人，好官我自為之。
18. 定期改選國會	二千多名三十年未改選的中央民意代表，還以法統自居。
19. 軍、憲、警超然國家化	黨政軍一元化。
20. 強有力監督政府的反對黨	國民黨意識之下，有民社、青年兩個「花瓶」。

郭雨新造成北臺灣最大的選舉旋風，也鼓動了一批臺灣青年。大學生周弘憲、邱義仁、吳乃仁、吳乃德、田秋堇、林正杰、賀端蕃、范巽綠、周婉窈、謝明達、蕭裕珍等，穿著學生制服，上街頭發傳單，打破國民黨「只有販夫流氓支持郭雨新」的謊言。這也是大學生走出教室、走上街頭、向當權者說「不」的第一遭。

臺灣大學法律系學生蕭裕珍記得，發傳單有時會碰到一些外省人，不僅不拿傳單，還開口罵「他媽的！」把傳單揉一揉，往地下丟。蕭說，印象最深刻的是在羅東發傳單，情治人員一直跟監，學生大街小巷鑽。到了另一個定點，還是有情治人員跟監，如影隨形。

郭雨新之能結合老中青三代，與其資歷、聲望和氣度有關，也與他的祕書陳菊有關。

陳菊，一九五〇年生，宜蘭三星人，出身農家。十九歲就讀世新專科學校（今世新大學）時，即擔任郭雨新祕書，一做就是十年。她說自己從小有「外交命」，喜歡結識人。在風聲鶴唳的年代，她觀人識色，引領許多年輕人和學生踏入黨外世界。林正杰形容她是黨外運動的祕書長。

歷史學者周婉窈在〈曾待定義的我的三十一歲、尚待定義的臺灣〉一文回憶：「……田秋堇、吳乃德、邱義仁、林正杰、史非非（范巽綠）等人，好像是透過陳菊小姐認識的。陳菊也帶我去見當時在臺大農學院圖書館工作的蘇慶黎小姐……」陳菊不僅穿針引線，還分派工作：「陳菊常帶著我們一群學生到處跑，不是拜會某人，就是打點小雜。在總是下著小雨的冬天，搭小貨車去發選舉傳單也是陳菊安排的。」

郭雨新選情看漲，國民黨決意封殺，全面買票。不僅動員公務員助選，連軍方也站出來，穿

郭雨新（前排右二）吸引青年投入政治，前排右一為邱義仁，後排左四為郭雨新的祕書陳菊，左三為田秋堇。（郭時南提供）

軍服在演講會場發傳單。種種不公使陳菊非常氣憤，林義雄回她說：「現實如果不是這麼無理與不公平，我們回家睡覺就好了，何必出來打拚？」

國民黨目無法紀激起民眾反彈，以實際行動力挺。投票前夕，宜蘭和基隆的政見會人山人海，前所罕見，大家都認為勝利在望。

虎落平陽

十二月二十日投票當天，國民黨大作票。郭雨新宜蘭競選總部不斷接到選民電話：「快來啊，他們在作票！」陳菊趕赴壯圍鄉，選民已包圍開票所，要求選務員從廢票當中重新驗票，果然開出五百多張郭雨新的票。單一投票所就這樣，而宜蘭全縣有九百多個投開票所。臺大學生邱義仁，監票時檢舉作票，當場被毆打。

開票結果，郭雨新得八萬多票，落選，廢票高達八萬多張。如果計入廢票，應是全臺灣最高票。憤怒的群眾聚集競選總部吶喊，要求到宜蘭縣政府抗議。郭雨新不願意有人因此受傷或被捕，囑陳菊儘力安撫群眾。陳菊留守總部，部分群眾仍聚集縣政府抗議，深夜時分，遭消防車噴水驅散。

十二月二十三日，郭雨新回宜蘭市謝票。支持者一路隨行，形成壯觀隊伍，沿途高喊：「郭雨新當選！郭雨新當選！」民眾夾道，不斷燃放鞭炮，以慶賀當選者的規格來聲援郭雨新。宜蘭市中央市場聚集四、五千人等郭去演講。郭唯恐國民黨以《戒嚴法》干涉，後果難以設想，又囑陳菊前往安撫，群眾才散去。

青年黨的朱文伯在《民主潮》雜誌檢討本次選舉：「執政黨輔導選舉，希望誰票多，誰就票多；希望誰票少，誰就票少；希望誰當選，誰就當選；希望誰落選，誰就落選⋯⋯如此得心應手，表面上是勝利的；但就我這樣經常關切選舉實務的在野黨人看來，實質上可能是失敗。」

郭雨新委託姚嘉文、林義雄兩位律師，控告臺灣省選舉事務所「選舉無效」和同選區的林榮三賄選「當選無效」。關於前者，訴訟理由是：

被告辦理此次選舉，其違法玩法之行，嘆為觀止。即以十二月二十日投票當日而言，各投票所均未祕密投票，而由監票員於圈票處及投票處就近監視選民。代領選票、代為投票，甚至冒領選票代投之舉，觸目皆是。開票之時，各開票所職員，又故將投與原告（即郭雨新）之票肆意指為廢票，或將投與原告之票故意誤唱計與其他候選人。至其於最後統計票數之時，玩弄數字遊戲，更令人髮指。類此違法事例，不勝枚數，是其選舉自屬無效。

黨外護法

狗吠火車似的，這場官司敗訴了。但姚、林兩人，從此被視為「黨外大護法」。

姚嘉文，一九三八年生，彰化和美人，家境貧困。考初中時，同時考上彰中、彰工和彰商，他決定讀彰商，以便早點工作賺錢，幫父母養家，幫弟妹妹受教育。退伍後，考進臺灣大學法律系半工半讀。一九六六年，他和林義雄同期考上律師，那年錄取五個名額，林義雄第一名，姚第三名。這兩名同期律師，想開事務所，沒錢沒地方，遂借用姚嘉文的妻子周清玉的嫁妝，位於臺北市杭州南路巷內的家，一起接案件。姚的妹妹接電話，周清玉負責庶務和煮飯。

黨外護法姚嘉文（右）、林義雄（左）。（姚嘉文提供）

一九七〇年，「中國比較法學會」（臺灣法學會前身）創立，姚擔任總幹事；一九七

三年，姚、林和張德銘律師等人創辦「平民法律服務中心」；一九七五年，《臺灣政論》創刊，姚嘉文擔任法律顧問。事實上，《臺灣政論》編輯室就設在姚家。那一年，周清玉獲美國亞洲基金會（The Asia Foundation）資助，到美國讀書、受訓。姚嘉文把女兒姚雨靜搬到主臥房同住，把雨靜的房間重新裝潢、裝冷氣、牽電話，《臺灣政論》就從那裡辦出來了。

姚、林兩人為郭雨新打選舉官司，一九七七年出版《虎落平陽》一書；次年為黃麻的「古坑事件」當辯護律師，寫成《古坑夜談》。他們另一本《護法與變法》，發揮「記錄、教訓、傳承」的意義，成為對抗不公正選舉制度的工具書。

在資訊閉鎖的年代，這些書籍啟迪無數。姚嘉文說：「我從小在家鄉的政見會當聽眾，執業後，當《臺灣政論》法律顧問，又寫文章。但我人生的分水嶺，是到宜蘭為郭雨新助選、打官司。」

林義雄，一九四一年生，宜蘭五結人，臺灣大學法律系畢業。他說，歷經郭雨新選舉的震撼，當辯護律師，和姚嘉文合寫《虎落平陽》，

《虎落平陽》（姚嘉文提供）

他就決心參政，「想要再一次試試看：和平法治是不是真的能維護公平正義？」一九七七年，林義雄回宜蘭選省議員。姚嘉文把戶口遷到宜蘭，登記當他的助選員，事務所形同打烊，助理連同抱著小孩的周清玉，都到宜蘭發傳單。不僅如此，姚嘉文還身兼十三名黨外省議員候選人的法律顧問，以及許信良、蘇南成等縣市長候選人的法律顧問。此為後話。

國民黨買票、作票，由來已久，無往不利。郭雨新虎落平陽一役，是國民黨大規模作票的代表作，幾乎也是告別作。因為往後，情況大不相同了。一九七七年，五項公職人員選舉，桃園人展現強大的群眾力量，活逮作票人員，包圍分局，火燒警車，逼使國民黨縮回作票的黑手，改變選舉結果，史稱「中壢事件」，係臺灣選舉史上的里程碑。

一九七五年的選舉，除了郭雨新，必須一提白雅燦。白雅燦是彰化人，政治大學法律系畢業，關心政治，曾幫黃信介、張俊宏等人助選。一九七五年十月，宣布參選臺北市立法委員，並印了一份傳單，向蔣經國提出二十九問，希望小蔣公開回答一千五百萬臺灣同胞。

二十九條問題包括：

一，為何蔣經國先生不率先公布私人財產，以杜臺灣百萬貪官之風？

二，為何蔣經國先生不率先公布其令尊、故總統蔣介石先生的遺產稅繳納的情節於全國人民，以杜臺灣權貴財閥公開漏稅之風？

四，為何蔣經國先生不率先將其女兒及女婿從美國召回臺灣，以示決心與我一千五百萬臺灣住民共生死，而杜臺灣大小官員開溜美國當寓公之大門？

五，為何蔣經國先生不將其第三子蔣孝勇先生濫用權勢，違背教育部法令轉學臺灣大學政治系，非法特權事件徹予查明，以肅官箴！

七，為何蔣經國先生不願意解散特權作風的中國國民黨營利事業——中華航空公司、瑞華瓦斯公司……以期消滅臺灣特權惡風！

十七，為何蔣經國先生不將國會應否解散問題，訴之於包括最尊重民主的臺灣地區的公民直接投票制度，以期消滅特權，而重視民主力量？

十九，為何蔣經國先生不敢釋放所有的臺灣政治犯，以期建立一個朝野上下和諧團結有力的臺灣社會？

二十三，為何蔣經國先生不願廢除破全世界保持最久的長達二十六年的臺灣戒嚴令而裁撤臺灣警備總司令部的軍事統治，濫捕拘押無辜，侵犯人權，製造本省同胞與外省同胞分離感情的軍法祕密審判，以及廢除戒嚴時期流氓取締辦法，破壞人權保障的瘤毒，以期建立本省同胞融洽和諧開放的臺灣社會！

這二十九問，蔣經國根本不回應。不僅如此，沿街發傳單的白雅燦突然失蹤了。他的家人焦灼萬分，四處尋找，都找不到人。幾個月後，一九七六年二月十一日，新聞局長丁懋時在例行記者會上說，白雅燦印了四萬份「陰謀顛覆政府」的聲明，在臺北街頭逐戶散發，「故其著手實行叛亂，已屬不爭之事實」。白的家人，至此才知他已被判無期徒刑，移送綠島。

白雅燦事件，是當時臺灣政治、社會和人權狀況的縮影。

第四章

選舉萬歲

鍾順玉夫婦得知投給許信良的選票被塗成廢票，走回投票所，要范姜新林補發選票，遭拒，遂起爭執。警察和檢察官偏袒處理，引發群眾聚集抗議，包圍警局、火燒警車。警方噴射催淚瓦斯，開槍打死青年，史稱「中壢事件」。

圍警、燒車，和二二八事件伊始，群眾的抗爭，如出一轍。

黨外參選遍地烽火

一九七七年，五項地方公職人員選舉合併舉行，將選出二十名縣市長、八百五十七名縣市議員、三百十三名鄉鎮市長、七十七名臺灣省議員和五十一名臺北市議員。這是實施地方自治以來，規模最大的地方選舉。

黃信介、康寧祥兩名黨外立委，南北巡迴助講，穿針引線，把單打獨鬥的黨外候選人發展成全國性的串聯。早期的無黨籍候選人，大多標榜「無黨無派」，直到黃信介、康寧祥崛起，「黨外」一詞才成專有名詞，被賦予特定意涵。

所謂黨者，國民黨也。國民黨是列寧式政黨，「黨內無派、黨外無黨」，長期實施一黨專政。在臺灣，「黨外」泛指一切非國民黨籍的反對人士，隱含不與強權同流的反抗精神，所以青年黨員如郭雨新、黃順興，民社黨員如楊金虎、林番王，也被列為「黨外人士」。一九七七年五項地方公職人員選舉，南南北北都有黨外人士參選。

落選後的郭雨新，遭特務每天二十四小時跟監。四月，他決定到國外探視子女。陳菊說：「我覺得郭先生是失望了，他大概不會回來了。送郭先生到機場時，我感覺到，他的離開，代表我們向某種運動告別，某種階段告一段落；我突然覺得孤立無援。」林義雄下定決心選省議員，接郭雨新的棒子，撐半圮的天。

張俊宏歷經「兩千個煎熬的日子」，也決定回南投選省議員。蔣經國派林洋港來勸退，開出條件：可到大學教書和辦雜誌，張拒絕。國民黨隨後在南投縣散發〈一隻政治蒼蠅的嘴臉〉小冊子，攻訐張俊宏。國民黨此舉，激起張維護名譽的戰鬥力，也激起南投人對國民黨的反感。反感生不平，不平轉支持。

異軍突起的是蘇東啟的妻子蘇洪月嬌。政治犯蘇東啟因蔣介石去世後的特赦，無期徒刑減為十五年而出獄。他鼓勵妻子蘇洪月嬌參選省議員，並拜託同為無期徒刑特赦出獄的施明德來助選。

施明德把選戰劇場化。蘇東啟是「叛亂犯」，依法不得公開助選。他穿上新店軍人監獄編號「二九九」囚衣，口貼撒隆巴斯，上面打×，表示遭政治封口。六個兒女披著背心，前面寫「我爸爸有罪嗎？」後面寫「我媽媽有罪嗎？」一家老小走在北港街市，或深入鄉間。宣傳車所至，鞭炮震天響，鄉親掩面哭泣。選前之夜，北港朝天宮旁擠到水洩不通。

許信良早就鐵了心，不管國民黨提不提名，他都要參選桃園縣長。既然可能脫黨參選，就要鼓動更多人參選，分散國民黨的打擊火力。果真，黨外人士參選如遍地烽火。選舉熱捲起燎原的火，引爆中壢事件，導致選舉大翻盤。

大家來選許信良

許信良把四年（一九七三至七七年）省議會問政實錄結集成《風雨之聲》。該書相當程度上是省議會深度指南，在一言堂的年代，提供特殊的視野。讀者彷彿親臨議場，觀察議會生態，見證一個議員的問政、挫折與堅持。文字淺顯易懂，包括盜版，大賣十萬冊。書中〈我的同仁〉篇，把省議員分為世家、財閥、職業政客、公教人員四種類型，分而述之。國民黨無意提名許信良參選縣長，於是動員前三類省議員展開反擊，集體批鬥許信良，要他向外「澄清」和「自我檢討」。省議會內鬥變成重大新聞，許信良成為全國知名人士。不多久，許出版《當仁不讓》，正式表明參選。

國民黨繼續威脅和利誘，發動一波波人情攻勢，黨政要員陸續登門勸阻許信良，勸阻不成，十月開除許的黨籍。許發表〈此心長為中國國民黨員——被開除黨籍聲明〉，訴求「在現狀中求溫和改革」的中間路線。

桃園縣長選舉，國民黨提名的歐憲瑜出身調查局，支持系統是從中央到地方的黨、政、軍、公、教、警、特組織，加上用之不竭的金錢。許信良的競選團隊是來自士農工商的臨時編組，以許國泰、簡錦益、吳仁輔、黃俊民等人為主力，規格迷你，庶民業餘，但活力充沛，創意不絕。

許信良採用嘉年華會般的活動方式，以歡樂對抗恐怖。競選總部像園遊會，有巨大的帳篷，立著「新人物・新精神・新桃園」的牌樓。大海報板長達數十公尺，寫著：「選舉不是恐怖的事，讓我們輕鬆、愉快、公平、合法地參加選舉。」飄揚的氣球，形形色色的手繪海報，改編自〈四季春〉的競選歌曲〈大家來選許信良〉，隨宣傳車穿街走巷，到後來誰都可以哼上幾句。

文宣方面，許充分授權給林正杰、張富忠、賀端蕃、范巽綠等年輕人。林正杰是政治大學公共行政所研究生，起先為了替雜誌寫訪問稿，與許信良相約見面。林正杰等人在中壢停留三天三夜，期間許信良利用空檔，隨時和他們談話，講完又出門拜訪和喝酒，回來醉醺醺的，繼續再談。暢談一九六八年的英國學生運動，以及世界各國的青年運動。

這段因緣，林正杰成為許信良的文宣工班。他說，他們把六〇年代全世界青年運動的做法，拿到臺灣實驗，包括「大陸貼大字報的方式，美國學生拿鮮花去街頭示威，把花插進部隊槍管……」就這樣，三十六歲的候選人，加上二十幾歲的文宣工班，發酵似的，競選活動洋溢前所未有的青春、歡樂和希望。競選總部人潮川流不息，有桃園的選民，和來自全島南北二路的人，看海報，發傳單，高談闊論，即席演講。「你去過許信良競選總部嗎？」成為流行語。

桃園縣有大量的軍事機構和眷村，向來是國民黨鐵票區，凡提名必當選，前七任縣長全由國民黨包辦。許信良選縣長，使二十幾年來對政治冷漠的桃園人，不分閩客，全動了起來，成為一級戰區。這巨大的改變，來自許信良的個人魅力，也來自國民黨的打擊，拍皮球似的，把許的聲勢愈拍愈高。

桃園以前沒有私辦政見會，公辦政見會也零零落落，這次局面完全不同。公辦的場場爆滿，私辦的更是空前。有人說：「比十幾年一次的打醮還要熱鬧。」很多阿公阿嬤從庄腳趕來，生平第一次接受民主運動的洗禮。

許信良選情看好，國民黨違法助選更甚，黨政軍特全動員，連小學生也被捲入。許多小學校長在朝會罵許信良是臺獨分子、共產黨，不要選他，要選歐憲瑜；全縣小學生從老師手中接到印著「支持歐憲瑜」的功課表；中壢富臺國小的運動會，校園到處張貼「我們支持歐憲瑜」的標語。有個小學生回家對爸爸說：「老師叫我們選歐憲瑜。」爸爸說：「好的，你和妹妹選歐

大家來選許信良（張富忠提供）

憲瑜，我和媽媽選許信良，這樣才是公平的選舉。」

許信良聲勢驚人，但支持者不免要問：「我們投給你，有用嗎？」畢竟宜蘭郭雨新的落選事件殷鑑不遠。民間流傳一句話：「國民黨勝選，只靠兩票：買票和作票。」

保護選票運動

高雄的「選舉鬼才」莊文榫，一九七二年選省議員時，差五百多票落選，相傳是被「作掉」的。他四處蒐證，寫了三萬字訴訟狀，臚列證據，控告選舉無效，要求驗票。法官拒絕，判他敗訴。一九七七年莊文榫再度選省議員，他把訴訟狀印成小冊，封面題為：「何處訴……山高之恨，海深之冤？」

訴訟狀列出十大作票弊端：

一、全盤皆錯：編造名單有誤，選民找不到投票所，沒有選票，或者選票被冒領。

二、慢中有鬼：開票時間長達十二小時三十分，花樣百出。

三、數字魔術：更正票數，愈更正愈離譜；候選人無法得知正確票數。

四、製造廢票：黨外候選人的廢票特別多。

五、裝聾賣傻：候選人得票數錯得太離譜，選務所宣稱電話報票有誤。
六、一錯再錯：投票所的得票數、開票中心的得票數、報省的得票數，都不一樣。
七、真假報表：報表公布的票數和報省的票數不一樣。
八、塗鴉遊戲：開票所的得票數一再塗改。
九、答非所問：真假報表，不准拍照存證。
十、愈描愈黑：市府對候選人的得票數無正確性，一再聲明解釋，愈描愈黑。

小說家楊青矗替莊文樺助選，也抨擊國民黨舞弊惡習。比如：空白票不翼而飛，灌票（投票數超出公民數），收身分證代投票，非法冒領選票，製造廢票，唱票不亮票，更改開票統計，不張貼開票報告表，偷天換日換票……

楊並指出開票所的怪現象，呼籲民眾嚴加監票：

一、停電作票：開票中突然停電。黑暗中，選務人員偷天換日，把事先蓋好給國民黨候選人的選票，塞入票匭。作業完成，才通電，燈火通明。
二、拖延開票：選務人員拖延開票時間，趁隙作票給國民黨候選人。

三、偷改票數：統計票數時，偷改得票數；國民黨候選人的得票數，後面加一個〇。

四、票箱旅行：票開不出來時，就藉口票箱遺失，日後找到已動過手腳。

楊青矗所說的停電作票，最著名的例子，是高玉樹參選臺北市長選舉。高玉樹四次參選市長，落選兩次，其中開票所停電、計票中止、廣播停報，花招百出，無奇不有。一九五四年那次，收音機臨時停播，票數先送蔣介石過目點頭，才宣布高玉樹當選。一九六四年那次，高玉樹激戰周百鍊、陳逸松，因高玉樹得票數衝破十九萬大關，國民黨作票難度太高，只好讓他當選。但臺北市民對歷次開票怪現狀，大都留下難忘印象。

埔里國中老師紀萬生，一九七五年為黃順興助選立委，親眼目睹國民黨明目張膽作票。「下午三點，他們看沒有人來投票，就像彈鋼琴一樣，在選舉名冊上整批蓋印、投票。霧社的投票率高達百分之百，有的地方還達到百分之一百零一。」

李筱峰小時候的印象，選舉是非常齷齪的。他母親是小學老師，選舉時必須參加選務，停電啦，作票啦，母親回來都會講。他父親是銀行行員，半夜被叫起來，去銀行加班，讓候選人整疊整疊鈔票領去買票。

林義雄回宜蘭選省議員，因為郭雨新落選之事，鄉親記憶猶新，紛紛問：「投給你，有用嗎？不是照樣被作掉嗎？」競選總部遂發起「捉鬼運動」，助選員姚嘉文呼籲選民協助捉鬼，捉十種鬼：

第一種是垃圾鬼（臺語垃圾鬼，係罵人卑鄙骯髒），上次使宜蘭一區就有一萬多張廢票。

第二種是餓鬼，不但貪吃，還挑吃——只吃黨外的票。

第三種是水鬼，在選票裡灌水，本來沒那麼多票，報到縣府就多了幾千票。

第四種是不數鬼（臺語不要臉之意），不會算術，尤其是加法，常加得一塌糊塗。

第五種是青瞑鬼（瞎眼鬼），執法人員看到國民黨候選人公然違法，眼睛馬上青瞑，什麼都看不見。

第六種是魔鬼，專門變魔術，把郭雨新的票變成別人的票。

第七種是膽小鬼，這種鬼，有時很凶，有時很膽小；遇見我們很凶；遇國民黨候選人，膽子馬上變小。

第八種是好業鬼（富裕鬼），買票被捉，就說錢是他自己出的，不是候選人的錢。

第九種是匹亞諾鬼（piano，鋼琴鬼），這種鬼兩手沾上印泥，在某些候選人的選票上捺指印，像彈琴樣，Do Re Me 製造廢票。

第十種是酒鬼，尤其是「飲白酒說紅酒話」，白的事情一被他們報導就變成黑的。

這些雜種鬼（十種鬼），就是我們通緝捉拿的鬼。

姚嘉文呼籲宜蘭人要有兩種勇氣：第一，關心的勇氣，不但投票，還要關心開票；手電筒、照相機、算盤都帶去。第二，守法的勇氣，尤其是選務人員，如果不守法，朋友絕交，父子絕情。

許信良也對防堵作票採積極策略。早在競選正式開跑之前，他就說「拉票戰」已經贏了，關鍵是「監票戰」。投票前三天，許信良陣營集中火力攻擊作票，發起「保護你的選票」運動。總部海報板出現新字樣：「作票是匪諜的伎倆──發現作票立刻喊打！打死共產黨！」運用國民黨的反共教育，把作票和共產黨畫上等號。

中壢、桃園的私辦政見會上，飄著「誓死反對選舉舞弊」的布條。許信良對數萬群眾說：「過去幾個月，他們以不公平的手段對付我，那些都算了。但是，如果作票，我絕對不饒他們！」群眾投以熱烈掌聲。許又說：「大家辛辛苦苦來投票，不去上班，不做生意，不去割稻，最後把票作掉，還選什麼舉？如果不想讓我們選舉，那就像省主席一樣，用派任的就算了！」

許呼籲大家同心協力：「雖然我們準備了一千多人的監票隊，但還是要拜託各位鄉親父老、兄弟姐妹，投完票後留在投票地點。只要站一天，讓時間一分一秒過去，桃園的民主就會實現！」

桃園縣有十三個鄉鎮市，三百六十九個投票所。選前三個月，許的總部就開始部署監票隊，負責觀察、聯絡、照相、記錄、統計等工作。一千多人負責三百多個投票所，人力相當吃緊，何況在偏遠地區和眷村，監票隊更是鞭長莫及。

那個年代，沒有手機，沒有電視 live，選情資訊只能由選民奔走相告，或用電話回報。十一月十九日投票當天，競選總部的電話響個不停，到處傳回監票員被禁止靠近投票所、被要求登記身分證、被帶回派出所詢問，甚至被追打的消息；也傳出有投票所少發縣長部分的選票，或者員警一家家送錢買票的事端。

緊繃的選情和緊張的心情，為桃園縣長選舉投下巨大的變數。

中壢「出代誌了」

投票日當天上午，位於中壢國小的二一三號投票所，七十七歲的鍾順玉和七十一歲郭塗菊夫婦倆，進入圈票處投票，因動作較慢，主任監察員、也是中壢國小校長的范姜新林見狀，進入圈票處察看。

在一旁等待投票的林火鍊醫師和邱奕彬牙醫師說，范姜新林把這兩位老人家投給許信良的票，以敷有印泥的拇指按於選票，做成廢票。

兩老得知此事，回投票所，要范姜新林補發選票，遭拒，遂起爭執。投票所正對面就是中壢分局，坐鎮的檢察官廖宏明獲報，把兩老帶回分局偵訊；對涉嫌的范姜既不偵訊，還讓他在投票所繼續執勤。

檢察官的偏袒處置，引起在場群眾不滿，消息迅速傳開。下午兩點，群眾到投票所找范姜理論，縣警局長王善旺也帶隊趕到現場處理。這時群眾已增至上百名，群情激憤，警民互毆，警方帶范姜撤回到中壢分局。

群眾又包圍分局，人潮愈聚愈多，阻斷分局前的臺一線縱貫公路。三點四十分，群眾扔出石頭，打破第一片玻璃窗。歡呼聲中，投石如雨，不多久就把警局玻璃砸爛。警官警員不知所措，檢察官則帶范姜從後門溜走。

接近傍晚，群眾開始推倒警車，一輛又一輛。隨後兩輛鎮暴車閃燈鳴笛，哦依哦依駛入，車前一面大鐵網，寫著「有電」兩字。群眾至此已無所懼，搖晃鎮暴車，把輪胎漏氣，把鎮暴車掀了，保安警察棄走。憲兵趕來維持秩序，兩輛白色憲兵車也一併被群眾翻了。

天黑後，對峙情勢升高，附近警車都被翻倒。部分群眾衝進分局，開始搗毀器具，警方退守分局旁的消防隊。七點，保安警察向群眾發射催淚瓦斯，噼噼叭叭爆炸聲，濃煙密布，群眾掩鼻四散。瓦斯味稍退，人群再回現場，喊衝喊打。

黑暗中，警方從某處制高點開槍，十九歲的中央大學學生江文國（苑裡人）頭部中槍倒地，送醫不治。另一名十九歲青年張治平（中壢人）背部中二刀（一說遭槍擊），送醫不治。還有一名十六歲青年劉世榮（中壢人）受重傷，據說是催淚瓦斯所致。

流血慘劇激化衝突，群眾開始放火燒車。八點多，保安警察眼見催淚瓦斯鎮壓無效，漸漸撤退。十一點多，有人縱火燒分局，火勢延燒至宿舍，波及分局旁的消防隊。中壢外圍則被憲警軍

群眾包圍中壢分局（張富忠攝）

隊封鎖，管制交通，車輛不得入內。媒體也封鎖消息。

許榮淑回憶，投票當天傍晚五、六點，消息傳來：「中壢出代誌了！」晚上，開票開到一半，南投縣警察局長來到競選總部說，你們當選了，趕快離開南投，不要出現在群眾面前，以免暴動。許榮淑說：「我們被押著坐上他們的車往臺中去了，住在臺中的旅社。他們說，南投張俊宏已經當選了。票還沒有開完，就說已經當選了。」

桃園全縣的投票所，除了二一三號投票所，都照常開票。由於中壢事件的教訓，選務人員變得謹慎小心，每張票都規規矩矩唱票亮票。許信良競選總部的開票中心，由吳仁輔主持，監票員報回票數，許信良遙遙領先歐憲瑜。但電視新聞報票時，不論由北而南，或由南而北，都略過桃園不報。吳仁輔在夜間十點宣布：扣除少數幾個尚未回報的地區，目前得票數是二十二萬票對十三萬票，許信良高票當選。

本次五項地方公職選舉，黨外當選四席縣市長——桃園縣長許信良、臺中市長曾文坡、臺南市長蘇南成、高雄縣長黃友仁；二十一席省議員——基隆市周滄淵、臺北縣陳金德、邱益三、桃園縣黃玉嬌、新竹縣陳天錫、苗栗縣傅文政、臺中縣洪振宗、林漢周、臺中市何春木、彰化縣洪木村、南投縣張俊宏、雲林縣蘇洪月嬌、張賢東、嘉義縣林樂善、臺南縣蔡江琳、臺南市蔡介雄、高雄縣余陳月瑛、高雄市趙綉娃、施鐘响、屏東縣邱連輝、宜蘭縣林義雄；六席臺北市議員——林文郎、徐明德、康水木、王昆和、陳勝宏、陳怡榮；以及一百四十六席縣市議員，二十一席鄉鎮市長，可謂空前大勝。國民黨被迫停止作票，中壢事件堪稱致勝關鍵。

準備迎戰群眾示威

選後次日，各報都以極小的篇幅報導中壢事件。不管是官報、黨報、民營大小報，內容都差不多，都是以中央社新聞稿為藍圖，輕描淡寫交代過去。

美國《時代》雜誌（*TIME*）則報導：「這是臺灣自一九五七年搗毀美國大使館以來的第一次暴力示威事件，由於一名選務人員被指控故意塗汙選票，使之成為廢票而爆發。這一場暴動的本身，既不殘酷，也不醜陋，沒有任何對個人行凶的情形發生，群眾的敵意顯然是針對警察和軍隊，發洩過後，歡笑的示威者，爬到消防車上，在中壢的街道兜風……」

臺灣的媒體沉默一星期後，十一月二十六日《聯合報》帶頭以全版篇幅報導中壢事件「舊聞」。十二月十六日，檢察官廖宏明對范姜新林做出不起訴處分，理由是「證據不足」，卻起訴證人邱奕彬，理由是「任意誣蔑依法執行任務之選舉監察人」。

國民黨決定把邱奕彬當成中壢事件的祭品，敗選的下臺階。邱奕彬，一九四九年生於桃園，父親是雞販，母親幫人洗衣養家。邱奕彬自幼聰穎，到臺北讀建國中學、臺灣大學牙醫系。他說，大學六年，總共兼了三十九個家教，半工半讀畢業。讀建中時，他在教官要求下加入國民黨，被選為十大優秀青年，曾是國民黨十中全會的青年代表，也是國民黨提拔的對象。邱奕彬在大學非常活躍，當醫訊社社長、代聯會學術部總幹事。他說：「社團訓練都是我主辦的，釣魚臺事件的文宣、大字報都是我寫的。」同時期，相互支援的臺大反對派學生，還有王溢嘉、林嘉誠、周弘憲。

中壢事件的秋後算帳，使邱奕彬從證人變成被告。一九七八年一月開庭，邱奕彬陳述：「我和內人均是基督徒，遵守聖經中之十大誡命，而誠實為其中重要一項。我據實陳述事實，卻被世俗之檢察官胡亂栽誣為偽證。我立誓洗清我罪，剷除周圍之魔鬼，還我基督徒之清白。」邱奕彬被判有期徒刑一年半，緩刑三年。不僅如此，兩年後的美麗島事件，國民黨還要和他算一次帳。

十一月十九日投票當天，蔣經國坐鎮國民黨中央黨部，得知中壢情況，做了三點指示：不能動用軍隊、警察不能傷害群眾、交由司法單位處理。

中壢事件爆發，蔣經國並未動手鎮壓。此後，他積極擴充鎮暴部隊，準備迎戰群眾示威。一九七八年蔣經國當選總統，臺灣「正式」進入蔣經國時代，大批站在蛇籠、拒馬後面，手持警棍、盾牌的鎮暴警察，成為這一時代最鮮明的戒嚴風景。

蔣經國繼續追究政治責任。許信良過去的直屬長官、國民黨組工會主任李煥下臺，總政戰部主任王昇獲得重用，媒體稱「李換王升」。這一降一升，代表鴿派失勢，鷹派抬頭。王昇大幅擴張特務勢力，進一步強化白色恐怖。

中壢事件影響非常深遠。美國《新聞週刊》（*Newsweek*）報導，「中壢事件是臺灣二十多年來最大的群眾運動，震撼了行政院長蔣經國領導的威權政府。」社會學者湯志傑認為，「彰顯民眾已走出戒嚴統治下自我設限的心態，走出恐懼與互不信任的陰影，成為日後群眾運動的先聲。」

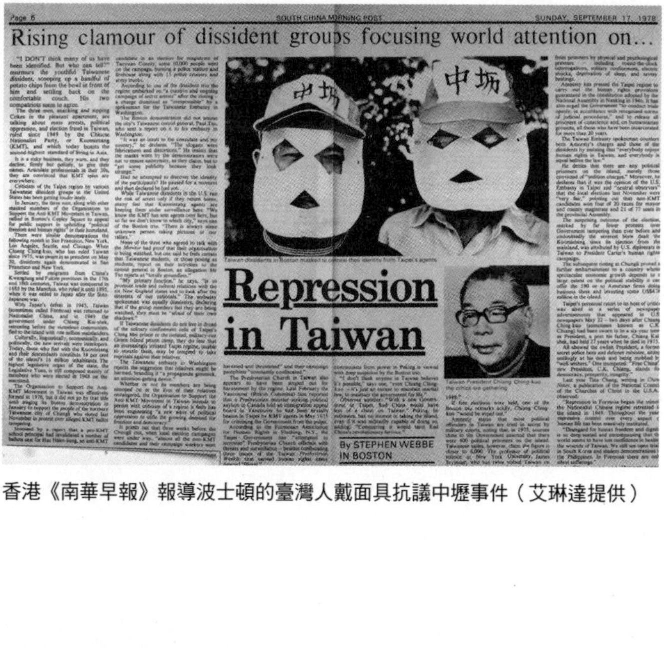
Page 6 SOUTH CHINA MORNING POST SUNDAY, SEPTEMBER 17, 1978

Rising clamour of dissident groups focusing world attention on...

Repression in Taiwan

By STEPHEN WEBBE IN BOSTON

香港《南華早報》報導波士頓的臺灣人戴面具抗議中壢事件（艾琳達提供）

第五章

講沒完的政見

「反共義士」混入會場，大吵大鬧，搶麥克風大喊：「中華民國萬萬歲！」黃信介怒曰：「我們是正式集會，這種人，就是共產黨派來擾亂會場，這種人，就給伊拖出去打啦。」雙方演出全武行，最後，鬧場的人被拖出去，交給隔壁的警察局。反共義士繼續喧鬧，警察也不處理。

省議會的春雷

戒嚴時期，立法院、監察院和國民大會終身職老法統當道，被譏為「萬年國會」；相較之下，省議會有任期制、有選舉，比較稱得上是民意機關。

歷史上，所謂省議會分三個階段：省參議會（一九四六年五月起），臨時省議會（一九五一年十二月起），臺灣省議會（一九五九年六月起）。議員的出身背景，參議會和臨時省議會時代，議員出自間接選舉或遴派，其中林獻堂、黃朝琴、劉明朝、劉傳來、林連宗、吳三連、郭國基、李萬居、郭雨新、丁瑞彬、黃純青、謝東閔等人，大多是高級知識分子、社會賢達、大地主或抗日人士，可說是臺灣戰後初期的自然領袖。

一九五九年六月，臨時省議會改組為第一屆省議會，代議政治過渡期結束，進入正式議會時代，除了增加名額，也改為直接選舉。由於時代變

省議會五龍一鳳的郭雨新（左一）、許世賢（右二）。（郭時南提供）

遷，人物遞嬗，再加上國民黨強力介入，附從者、財勢者、乖乖牌成為省議員主流，大多只為既得利益和特權發言，或為執政者護航。但初期仍有「五龍一鳳」，不附和權勢，為民喉舌，其音若金石，其效果如對牛彈琴，卻為後世留下典範。隨著歲月流逝，老成凋零，國民黨幾乎壟斷省議會，省議會監督省政的功能愈來愈萎縮。一九七二年，謝東閔從省議會議長當到省主席，竟宣稱「府會一家」，可見一斑。

但一九七七年局面不同了。第六屆省議會七十七個省議員席次，黨外占二十一席，量變引起質變，氣象一新。十二月二十日舉行省議員就職典禮，就職誓詞誤用官員的誓詞，而不是議員的誓詞，引起就職合法性的爭議。部分議員接受和稀泥的做法，馬馬虎虎就算了，但大部分黨外議員主張依法補行宣誓。張俊宏說：「政治是良心事業，宣誓是直指個人良心的忠誠表達，用錯誓詞，豈可草率了事？」國民

省議會五龍一鳳的吳三連（右一）郭雨新（右二）李萬居（左二），一九六〇年與中研院院長胡適（右三）合影。（陳菊提供）

黨中央和省黨部大力安撫，絕大部分議員補簽一紙誓言；唯林義雄、張俊宏、張賢東、黃玉嬌四人不肯將就，最後補行一場陽春的宣誓典禮。

二十天後，省議會請民政廳長、警務處長、選監會主委等人報告中壢事件的前因後果與處理經過。黨外省議員提議成立專案小組，追究一名大學生在中壢事件現場被擊斃的責任。提議遭否決，但大家都知道，省議會春雷已響，瘖啞的局面已經過去了。

打破省議會悶局，主要靠十三名黨外省議員聯手出擊。由北而南，分別是周滄淵、許金德、黃玉嬌、傅文政、何春木、張俊宏、蘇洪月嬌、林樂善、蔡介雄、趙綉娃、余陳月瑛、邱連輝和林義雄。他們長期被當局打壓，有水裡來火裡去的歷練；又各具特色，各擅勝場。許榮淑形容，蔡介雄最資深，被奉為黨外議長；余陳月瑛是老大姐，周滄淵、林樂善、何春木、蘇洪月嬌、黃玉嬌和陳金德屬於草根型；張俊宏、林義雄和邱連輝屬於知識分子型。

一九七八年，蔣經國當選第六任總統，謝東閔任副總統，孫運璿任行政院長，李登輝當臺北市長，林洋港當臺灣省主席。林洋港上任後，三次省政總質詢（一九七八年六月、一九七八年十一月、一九七九年六月）都是重頭戲。林義雄和張俊宏以聯合方式進行，以民主為主題挑戰林洋港。首先是批判現實政治，要求國民黨施政應確守黨限與國法。最後一次，因總質詢時武裝部隊入駐省議會，引發兩人「大軍壓境」的質疑，挑戰軍權的禁忌。之後，兩人被媒體全面圍剿，指責是「賣國賊」、「民族的敗類」。總之，第六屆省議會從就職典禮開始，高潮迭起、新聞不斷，省議會成為論政中心。

省政總質詢之外，還有民政、財政、建設、教育、農林、交通等六個部門的質詢，考驗議員政治實務的專業和識見。每逢黨外省議員質詢，往往造成轟動，民眾租遊覽巴士去霧峰省議會，聽質詢宛如上政治課，兼看精采好戲。

一九七九年十一月，周滄淵、陳金德策動，邱連輝、張俊宏、林義雄運籌，眾人會商，決定在第四次省政總質詢時，由十三名黨外省議員聯合大質詢。這次總質詢是黨外言論的一次總呈現，以國民黨的三民主義——民族、民權、民生主義為批判基準，進行三十年各項施政與決策的總測度，總計長達三百六十分鐘，持續一天半，創下省議會言論高峰。但是一個月後，林義雄和張俊宏就因美麗島事件被逮捕了。

康系與非康系

一九七七年五項公職選舉，黨外大翻盤，獲空前勝利。臺灣人有了膽量、有了盼望，覺得事在人為，出頭天不是夢。緊接著，一九七八年又逢中央民代選舉。許多人都在思索，到底應如何延續聲勢，再創佳績，走長遠發展之路。

五項公職選舉時，黃信介和康寧祥組成「巡迴助選團」，出力甚大。康寧祥，一九三八年生，臺北艋舺人。省立法商學院（今臺北大學）公共行政系畢業，出身餅舖，當過加油站工人，一九六九年當選臺北市議員。他的草根性格、奮鬥故事和臺灣意識吸引了認同。在寒冬飄細雨的政見會，他以沙啞聲音豪氣萬丈地說：「今夜的風，為我而颳，今夜的雨，為我而下……」那畫面，在許多人的腦海刻下印痕。

李筱峰回想當年北上就學，一九七二年在臺北街頭聽康寧祥參選立法委員的演講，萬人空巷，大家聽得如癡如醉，有人聽到淚流。他第一次看到有人那樣批判當局，心想：「啊，臺灣出現這樣的人物，臺灣有希望了。」激動不已，立刻跑去康的競選總部幫忙發傳單。這是他參與黨外運動的開始。

康寧祥當選增額立委，和黃信介並稱「黃康」，聲譽鵲起。他問政認真，老成持重，人稱「老康」。這老字既是暱稱，也是形容其個性。他遵循執政者的遊戲規則，心羨國民黨的廟堂朝儀，和老立委吳延環、梁肅戎等人時相過從。相對其他黨外人士，他是當局比較放心的人物。

受到一九七七年大勝的鼓舞，一九七八年增額立委和國代選舉，黨外參選人數激增。

新血加入，黨外陣營也有了「康寧祥系」和「非康寧祥系」之分。康寧祥本人要尋求連任，他有諸多考量，希望步步為營，不要「呷緊弄破碗」。

此時，施明德等人的企圖心，扭轉了局面。

沒有黨名的黨

施明德，一九四一年生於高雄，一九六二年因「臺灣獨立聯盟案」被捕，兩年後判無期徒刑。該案真假虛實都有，特務為了將之搞成一個大型叛亂案，刑求甚烈。從疲勞偵訊、拳打腳踢、抽打下體，到槍托重擊、電擊頭部、針插指縫等，不斷出招，甚至把一個二十四歲的學生吳忠和刑求致死。施明德也被打斷牙齒，脊椎重創。

一九七五年老蔣去世，政府宣布減刑。施明德坐滿十五年牢，一九七七年六月出獄，第一件任務就是應老難友蘇東啟之請，協助蘇洪月嬌競選省議員。施明德成年後都在坐牢，沒參加過選舉，沒投過票。但他以敏銳的政治嗅覺和創意，協助蘇洪月嬌拿下雲林縣最高票，引起眾人注目。

許信良非常推崇施明德和張俊宏。他說，臺灣真正的反對運動始自一九七八年。之前，黨外除了選舉沒有其他活動，黨外省議員只做到集體質詢，並未推動全國性的組織或活動。是施明德和張俊宏的功勞，奉黃信介為領袖，把黨外運動推向全國性的高度和廣度。

在精神領袖黃信介的帶領下，施明德、張俊宏、林義雄、許信良等人，以黨外省議員為基礎打集體戰，一九七八年成立「臺灣黨外人士助選團」。比起前一年黃、康兩人的助選組合，氣勢更加澎湃。

施明德說，他長期在牢裡思索臺灣民主化問題，認為蔣家的統治基礎是：萬年國會、戒嚴令、黨禁、報禁、司法不獨立，五者環環相扣。其中，唯一可以著力的就是突破黨禁，只要黨禁突破，其他環結隨即鬆動。因此他把眼光放在全國性的串連和組織，先形塑一個權宜的、「沒有黨名的黨」。

黨外十二大政治建設

黃信介個性海派，用人不疑，充分授權。專印黨外文宣的印刷廠老闆張榮華形容他：「神經特別大條，當時很少人敢用施明德，但他就敢用。」施明德有全套想法：設置總部，有辦公室，有人事，名稱要有氣魄，叫做「全國黨外中央民意代表助選團總部」。黃信介樣樣都說好，拿一本存摺和一枚印章交給施，說：「這給你，不夠就講。」

戒嚴時期百事禁，黨外人士只能利用選舉，過過「民主假期」的癮。平常不能說的，趁選舉說；平常不能做的，趁選舉做。選前大鳴大放，選完就像灰姑娘的馬車和舞會，午夜一到全部打回原形，等國民黨秋後算帳。

施明德認為，既然要成為一個「沒有黨名的黨」，就要以政見爭取選民支持。黨外助選團推出十二大政見，稱為「十二大政治建設」，由施明德和林義雄彙整眾議擬定。其中特別突顯「人權」，標誌是一隻緊握的人拳，表示為人權奮鬥；下方環繞橄欖葉，強調和平手段。

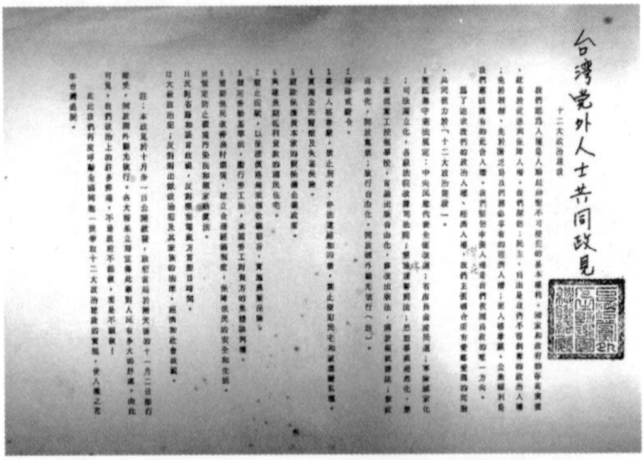

「沒有黨名的黨」提出十二大政治建設（艾琳達提供）

十二大政見當時如同天方夜譚。包括：中央民意代表全面改選，省市長直接民選，軍隊國家化，司法獨立化，言論出版自由化，開放報紙雜誌，參政自由化，開放黨禁，解除戒嚴令；禁止刑求、非法逮捕和囚禁；實施全民醫療保險和失業保險，制定勞動基準法，制定防止環境汙染法和國家賠償法，反對省籍和語言歧視等……

這十二大政見看似高調，卻彰顯當時的黨外陣營已經能夠引領議題，設定國家願景，指出前進路徑，完整展示使命型政黨的架式，只差一些形式要件而已。

十一月二十四日助選團總部成立，黃信介任總聯絡人，施明德任總幹事，陳菊任祕書，辦公室設在臺北市，北、中、南部都設有聯絡人。第一波公布的助選名單有十一人，部分黨外山頭並未參加。但助選團一啟動，立刻鬧熱滾滾，形勢比人強，原先觀望的紛紛加入。這意味著，黨外單打獨鬥的時代已經過去了。

「暴力分子」形象

十二月五日，「黨外人士候選人座談會暨記者會」在中山堂舉行。黨外人士首次以組織的形式和廟堂的儀容，向國人推薦四十幾名候選人，並提出十二大政見。國內外記者紛來採訪，場內外人山人海，氣勢十足。蕭裕珍擔任司儀，依黃信介指示，宣布：「稍後唱國歌，請大家把吾黨所宗，改成吾民所宗。」

選舉誓師之際，「反共義士」勞政武、沈光秀等人

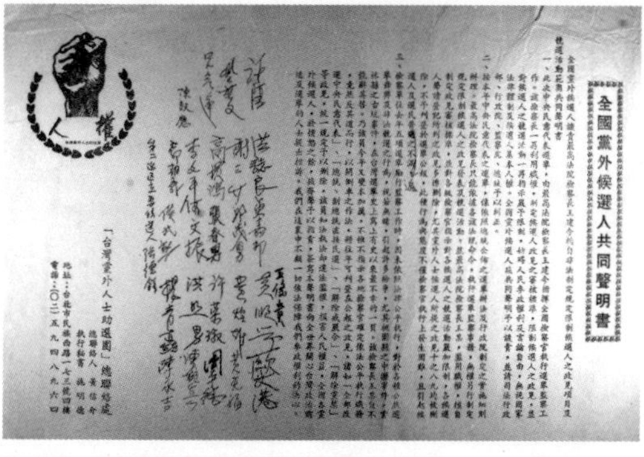

緊握的拳頭與橄欖葉標誌，被指為「黑拳幫」。（艾琳達提供）

混入會場，大吵大鬧，搶麥克風大喊：「中華民國萬萬歲！」黃信介怒曰：「我們是正式集會，這種人，就是共產黨派來擾亂會場；這種人，就給伊拖出去打啦。」雙方演出全武行，最後，鬧場的人被拖出去，交給隔壁的警察局。反共義士繼續喧鬧，警察也不處理。

座談會上，國代候選人陳鼓應說，依中國國民黨黨章第一條，它是一個革命民主的政黨；但「它不民主，已經變成被革命的對象」。這句話後來被美國《基督教科學箴言報》引用報導。

次日，臺灣報紙全面謾罵，譴責黨外人士是暴力分子、黑拳幫。姚嘉文說：「只怕別人不知道我們在做什麼，不怕別人知道我們在做什麼。」中山堂事件使黨外助選團名聲大噪，候選人一個個靠攏過來。

一九七八年十二月五日，助選團在中山堂召開記者會，由姚嘉文、黃信介與黃玉嬌（由右至左）主持。（艾琳達提供）

中山堂事件後，國民黨發動大專教師聯名發表聲明，譴責黨外人士的暴力行為，這是國民黨抹黑反對者的新策略。之前大多把反對者打成匪諜、叛亂，用軍法重判。及至國際施壓、民心已變，不能動輒用叛亂罪來辦，國民黨遂改變策略，逢黨外活動就派人鬧場滋事，或憲警壓境製造衝突，繼之以媒體圍剿。全套配備作業，把黨外人士刻上暴力分子的印記。

助選團南北進擊

在中油公司任職的小說家楊青矗，有意參選工人團體的立法委員。當時中央民代選舉分兩種：一是區域，以行政區為選區；二是職業團體，有農民、漁民、漁業、工人、工業、商業、教育、婦女八種團體，選區是「中華民國自由地區」，選民是該職業團體的成員。職業團體選民數少，容易買票，衍生許多流弊，於一九九二年廢除。這是後話。

職業團體民代是國民黨的囊中物，幾乎不競而選。像楊青矗這樣的黨外候選人，連工會會員名冊都沒有，選舉宛如海底撈針。但也因選區是全國性的，助選員不受選區限制，楊青矗於是建議黃信介，讓助選團成員都登記為他的助選員，這樣就可以到全國各地站臺。

對國民黨政府而言，選舉是必要之惡，選舉法規旨在束縛選舉活動，限制多多，甚至變成「法辦」黨外人士的利器。但百密一疏，職業團體民代的選區特性為黨外助選團的活動打開大門。

十二月八日，法定競選活動開始，助選團分北南二團，由黃信介和張俊宏領軍，全臺走透透。以楊青矗名義所辦的演講會，每晚有五、六場。助選對象包括：臺北市的康寧祥、黃天福、陳鼓應、陳婉真、王兆釧；北基宜的黃煌雄、王拓、何文振；桃竹苗的呂秀蓮、張德銘、簡錦益；中彰投的黃順興、姚嘉文、張春男、吳嘉邦、劉峰松；雲嘉南的許世賢、謝三升、黃麻、郭朝森；高高屏的黃余綉鸞、周平德、邱茂男、郭一成、林應專、陳武勳……

黃信介的演講是福佬俚俗語言的經典作，詼諧趣味，深受歡迎。茲節錄中文譯文，可惜已少了幾分神韻：

……辦選舉應該像娶新娘辦喜事，全家喜氣洋洋才對；國民黨辦選舉，卻像他家死人辦喪事，面憂面結，又故作恐怖，限制一大堆……憲法賦予人民有言論、著作、出版自由，他們都硬拗，橫霸霸不講情理……長期戒嚴也像他家死人穿孝男麻衣，麻衣一下穿三十冬還不脫掉，全世界無人麻衣穿那麼久的。我們黨外和全臺灣人民要合力，把麻衣褪掉，要求解嚴。大家同意嗎？

張俊宏的演講是知識分子風格，引經據典。由於國民黨時時拿「越南淪亡」來嚇唬百姓，張也以越南對照臺灣：

越南雖有一流的軍備，一流的軍防，卻沒有一流的心防。人民對鄉土沒有感情，對政府沒有感情，有辦法的人都去美國買綠卡。當官的口說一套，背地裡把太太小孩往外送，把財產往外移。這個國家沒有心防，上上下下沒有心防，所以不堪一擊。

民主與愛國打擂臺

黨外選舉是創意的博覽會。前臺大哲學系副教授陳鼓應和前《中國時報》省議會記者陳婉真聯合競選，前者選國代，後者選立委，兩人都以國民黨員身分「報備參選」。

十一月一日，兩陳發表〈告中國國民黨宣言〉，以該黨標榜的三民主義思想破題，批評該黨在臺施政三十年，完全背叛三民主義。蔣經國聞言大發脾氣，要求調查是否「叛國」；媒體發動圍剿，一群「反共義士」則聲言要「剷除消滅這些比共匪更惡毒的莠草」。選戰開打後，兩陳在臺灣大學正門對面，新生南路人行道上設「民主牆」，貼大字報。辛辣的內容，犀利的言論，是老師沒教的、媒體沒報的；他們又擺板凳，宛如英國海德公園的肥皂箱，大家隨時可以站上去演講。民主牆成了師生逗留、閱讀、辯論的所在，磁鐵般吸引更多人專程而來。

國民黨也在旁邊設「愛國牆」打對臺。民主牆和愛國牆，攻防交錯，從四板增長到二十多板，臺大校門口成了不夜城。

民主牆是一大突破。在此之前，臺灣反抗言論的書寫只有一個管道：出版書刊和傳單。書刊印刷需要時間，而且是單向傳播；民主牆則以機動性的大字報隨寫隨貼，並提供辯論平臺。

黨外氣勢如虹，比前一年選舉遠遠過之。但就在投票前一星期，十二月十六日凌晨，美國宣布將於隔年（一九七九年）一月一日與中華人民共和國建交，同時與中華民國斷交。

當天中午，蔣經國發布緊急處分令，宣布大選延期舉行，「即日起，停止一切競選活動。」眾聲喧嘩，剎那歸於沉寂。

臺美斷交危機

從尼克森、福特到卡特，美中建交計畫，逐步推進，舉世皆知。但蔣氏父子不斷灌輸臺灣人民：美國是堅定友邦，「中美關係」不會生變。人民也被鼓勵全力追求經濟成長，莫管國事。因此斷交消息傳來，舉國陷入末日悲情。

日後從卡特的回憶錄來看，這名被臺灣媒體指為「媚匪」的美國總統，對國民黨素乏好感。一九四九年國共內戰之際，服役海軍的卡特隨軍艦訪華，在青島目睹國民黨軍隊當街拉伕，以刺刀強迫充軍。這名二十五歲的目擊者對國民黨印象惡劣。

一九七六年，卡特以喬治亞州長身分競逐民主黨總統候選人提名。打贏幾場初選後，他的平原鎮鄉親突然接到臺北方面的熱情邀約，免費前往度假。他們備受款待，獲贈厚禮，並被囑咐回去影響卡特，放棄美國對中國的承諾。這種手段惹惱卡特；他因為不受關說，與部分鄉親交惡。

卡特見識到的，只是國民黨在美國影響力的一小部分。事實上，美國各界具影響力的人，或多或少都接受國民黨當局豐沛的好處。國府甚至在美國布建龐大的間諜網，滲透到政府部門、華人社區和大學校園。

美國日後才發現自己成了盟國偵防、滲透的目標——這原本是敵國才做的事。華府火大了。一九七七年，卡特上臺那年，據說臺灣被美國列入「對國家安全具有敵意」的祕密名單。臺灣的外交官及其接觸對象被聯邦調查局鎖定監視。

美中終於要建交了。臺灣陷入被美國斷交的痛苦和悲憤當中，深深的不安全感，使內部矛盾益形劇烈。斷交危機感各有不同：國民黨憂慮政權不保，臺灣人起來造反；黨外人士憂慮國民黨轉移焦點，關門打小孩，狠狠修理異議人士；人民則憂慮臺灣沒前途了。

危機處理方式也各不相同。民間方面，早在斷交只是風聲階段，股市便聞風大跌，從十月二日的六八八點，六個星期跌掉百點以上。十二月十七日斷交消息上報，一開盤全面跌停；十九日，為了止血，當局將漲跌幅限制從五％降為三％，後來更降到一％。

有辦法的人紛紛出走，和股市一樣都是未演先轟動。與張俊宏所說「上上下下沒有心防」互相呼應的，是「牙刷主義」風行。所謂牙刷主義，是諷刺黨國權貴和資本家把家人移民出國、資產轉移外國，自己也取得綠卡，只是暫留臺灣。萬一局勢生變，只要隨身帶一把牙刷，就可以輕鬆開溜。

國民黨政府方面，因應方式多管齊下：首先，端出蔣公遺訓「莊敬自強，處變不驚」做精神講話。這是一九七一年「退出」聯合國時的口號。此外，配套運動包括：發起「自強救國捐獻」運動、青年學生「從軍報國」運動，進一步強化軍力——七〇年代臺灣仍是軍事大國，軍費和兵力名列世界前茅。

其次，在藝文媒體發動「愛國主義」熱潮。愛國歌曲〈中華民國頌〉日夜播唱，已到強迫洗腦的程度。〈龍的傳人〉順勢大紅。該歌曲作者侯德健後來「回歸」中國，這首歌立刻成了禁歌。

操弄愛國主義

十二月十八日，《中央日報》副刊大篇幅登出一封〈南海血書〉，署名「譯者朱桂，阮天仇絕筆」。朱桂宣稱，其內弟到南海打魚，在一座荒島上發現十三具屍體和一堆大海螺殼。其中一枚海螺殼內有一件血襯衫，上面寫著越南難民阮天仇的絕筆書。其內弟攜回臺灣，由朱桂譯為中文。

根據朱桂的「譯文」，阮天仇受困珊瑚礁四十二天，風吹日曬挨餓忍渴。最後一天，用螺尖沾鮮血，在衣服上寫出文情並茂、起承轉合完整的三千字血書。阮天仇控訴，是所謂的「偉大盟邦」和「民主鬥士」，聯手使越南淪陷。

稍具常識的讀者，都知道這是影射美國和黨外人士，暗示越南亡國的命運將在臺灣發生。

二〇〇三年，朱桂承認該文純屬虛構，也就是說，這是一篇偽造文章。但臺美斷交時，該文在王昇策劃下，不僅編入教材，還拍成電影。光是印發給中等學校師生，一個月內就高達一百五十萬份，不僅必讀必考，學生還要寫心得報告。立法委員戰慶輝提議：「南海血書，句句真實……我們要把它編入中學教材書國文課本中，列為高中大專考試必然考題，要把它譯成多國文字散發到全世界。」

國民黨也趁機修理「背叛」的卡特政府。十二月二十七日，美國助理國務卿克里斯多福（Warren Christopher）率特使團來臺展開相關談判。國民黨社工會主任沈之岳（前調查局局長）召集相關單位協調，決定由救國團發動學生前往特使團所經之處抗議。

以松山機場而言，抗議群眾向特使團座車丟雞蛋、番茄，甚至拿旗桿弄破座車玻璃。看似失控的場面，明顯有政治動員的痕跡。這和一九五七年「劉自然事件」相似，後者的暴動群眾中也有部分是由救國團動員而來。

綜言之，國民黨對臺美斷交的危機處理，是透過愛國主義的操縱，化解政權的危機。操縱方式依循自一九四九年以來的政治邏輯進行：愛國必須團結，團結必須支持政府，支持政府必須譴責那些破壞團結的陰謀分子。順著這個邏輯，黨外人士迅速被打成全民公敵。

臺灣人民自決主張

國內緊張情勢升高，人心惶惶。桃園縣政府對面衛生局的白牆上，紅漆塗寫「槍斃許信良！」旁邊是縣府員工的聯署簽名。許信良找簽名者來問：「為何簽名？」他囁嚅說：「安全室主任叫我們簽的。」坊間謠傳說有共匪侵入，說縣長宿舍有五百多套警察制服，要製造暴動。黨外人士經常接到恐嚇電話，罵他們是賣國賊、臺奸、匪諜。

黨外人士面對變局，兵分多路。其中，王拓、陳鼓應、黃順興等人南下，邀請余登發共商大計。余登發，被形容為「臺灣野生政治家」，一九〇四年生，高雄橋頭人，臺灣總督府商業專門學校預科畢業。戰後歷任第一屆橋頭鄉長、第一屆國大代表、第一屆民選的高雄水利會主委，和第四屆高雄縣長。

戒嚴時期，非國民黨籍縣市長為數很少，

因應臺美斷交危機，黨外人士由余登發（右坐者）領銜發表國是聲明。（艾琳達提供）

絕大部分上任後都官司纏身，余登發也不例外。一九六三年，他因刪除縣府預算內的國民黨高雄縣黨部補助款，把經費用來興建教室，被臺灣省政府藉故停職。一九七〇年，因「凌堯舜公地放領案」被判刑兩年。

余登發下臺，兒子余瑞言、媳婦余陳月瑛、女兒黃余綉鸞、女婿黃友仁，先後奉父命參選從政，被稱為高雄「黑派」。黃友仁當高雄縣長，余陳月瑛是省議員，政治實力雄厚。一九七八年黨外助選團情勢看漲，余登發積極參加，出錢出力。臺美斷交後，黨外決定在十二月二十五日召開「國是會議」，發表〈國是聲明〉，余登發北上共赴國難。

國是會議場地原本敲定臺北國賓飯店，飯店遭受政治壓力，開會當天臨時不借場地，會議只得改到黨外助選團總部舉行。會中，黃信介推薦許信良、張俊宏、施明德、姚嘉文、林義雄——即日後國民黨秋後算帳時所謂的「五人小組」——研議黨外未來的發展方向。會後，發表一份由余登發領銜、七十三人聯署的〈黨外人士國是聲明〉，強調：

在國際強權的縱橫捭闔下，我們的命運已面臨被出賣的危機。所以我們不得不率直地申說：我們反對任何強權支配其他國家人民的命運，我們堅決主張臺灣的命運應由一千七百萬人民來決定。

強權，隱指美國和中國，至今仍是相當程度影響臺灣命運的兩大強權。「臺灣全體住民共同決定臺灣前途」，這是人民自決權的主張，早在一九四五年便載於《聯合國憲章》第一條，在臺灣被視為大忌。一九七一年臺灣基督長老教會的〈國是聲明〉始做明確宣示；但列為黨外人士的共同聲明，這是第一遭。

那個時代，統獨議題不是第一順位。有中國情懷的余登發，被推舉為名義上的黨外領導人。他呼籲當局立即恢復選舉，停止戒嚴，開放民主，建立自由民主體制。眾人決定，一月二十九日從臺北啟程，環島拜年，沿途散發〈國是聲明〉。余登發並具名邀請，二月一日在高雄橋頭鄉舉行千人餐會，進行全臺串連。

臺美斷交，選舉停辦，對黨外是一大打擊。眾人既期待也相信，選舉只是暫時停止，黨外仍有活動空間。殊不知，國民黨鷹派已摩拳擦掌，要發動一步步的整肅行動。

第六章

沒有黨名的黨

報紙標題非常聳動：「余登發父子接受華國鋒指派，擔任臺灣南區司令；勾結匪諜吳泰安，聯合共匪欲武力推翻政府。」

許信良研判，國民黨抓余登發，是全面鎮壓的開始。對此，黨外不能逃避；拚，才有活路。眾人決定南下遊行抗議，此即「橋頭示威」。這是戒嚴令下，黨外人士第一次示威遊行。

羅織整肅與迫害

一九七九年，臺美斷交元年。開年第一件大事，就是余登發、余瑞言父子被捕。一月二十一日清晨五點，調查局人員潛入余登發高雄縣八卦寮住處，把他從睡夢中叫醒，扣上手銬強行押走。十點，逮捕余登發的兒子余瑞言。

這一天是農曆臘月二十三，離過年只有六天；離黨外人士預定在高雄舉辦的千人餐會，也就是黨外的新春團拜，只有十天。

次日，報紙的標題非常聳動：「余登發父子接受華國鋒指派，擔任臺灣南區司令；勾結匪諜吳泰安，聯合共匪欲武力推翻政府。」報導指稱，余氏父子涉嫌吳泰安叛亂案，以吳泰安處搜出的解放軍制服、印信、國旗、傳單等物品，透過印象嫁接，明示或暗示：余氏父子已經著手行動，準備用武力推翻政府。

在一九七〇年代白色恐怖史上，吳泰安案是中壢事件之後、美麗島事件之前，臺灣最大的政治案件。曾與吳案幾名政治犯同時坐牢的王幸男說，本案引起余登發案，余登發案引起許信良案，許信良案引起美麗島案，美麗島案又引起臺灣政治的大變化。環環相扣，以吳案為引爆點。

吳案和余案大不相同。吳案有真有假，是在一九七八年八月就被破獲的案子；余案完全捏造，是利用吳案「養」出來的案子。養案是特務辦案的手法之一：案子不急著偵結，配合政治需要，研究如何羅織把案子做大。

其實，當局利用吳案羅織的對象，原本不是余登發，而是黃順興（曾任臺東縣長、增額立委）。吳案被告之一黃宗禮是黃順興的助選員，而黨外原有意請黃順興出面領導——或者，因為黨外有意請黃順興領導，黃宗禮就被羅織到吳案，以便逮捕黃順興——但因黃順興婉拒，余登發又「榮登」黨外領導人，當局臨時修改劇本，男主角換成余登發。

這種操作手法，白色恐怖時代行之有年。當局要鬥爭「大咖」找不到名目時，就從他的關係人下手。先把關係人打成匪諜，再把「知匪不報」的帽子扣到大咖頭上。最著名的是：以劉子英咬雷震，以郭廷亮咬孫立人，以任方旭咬任顯群，以俞棘咬李荊蓀，以趙守志咬馬乘風，以吳泰安咬余登發。

吳泰安，本名吳春發，彰化人，小學畢業，自設神壇為人算命卜卦，乃神棍者流。後因詐欺罪逃往日本，接觸中國駐日人員，被統戰，遂生「革命」之志。

根據官方資料，吳泰安在日本成立「臺灣自由民國」，自封「革命委員會主席」，致函中共中央軍委主席華國鋒，希望爭取華的支持。負責轉信的中國駐日人員回覆吳泰安，聲稱華已同意，將該「國」納入「解放臺灣統一戰線」。吳泰安於是大量郵寄〈告臺灣同胞書〉回島內，並於一九七八年六月偷渡回臺活動。

吳泰安先從舊識下手，到臺東海山寺找住持釋修和（李榮和），交給他革命傳單。釋修和大驚，說：「阿彌陀佛！我不會去檢舉你，但請你以後別再來海山寺。」吳泰安四處邀人搞革命，那些跟他見面、聽他吹擂的人，事後都莫名其妙被捕。因為吳泰安逕自給他們封了官、授了爵。

黃宗禮被封為「南部地區作戰司令」，釋修和被封為「臺灣自由民國副主席」；連釋修和的弟子、埔里久靈寺的住持釋紹英（莊勳）也被封為「陸軍副總司令暫兼總司令」。如此這般，被吳泰安片面封官、日後牽連入獄的，有七人之多，都判十年以上有期徒刑。釋修和被判無期徒刑，病死獄中。

一九七八年八月，吳泰安被調查局逮捕。經祕密偵訊，發現具養案價值，特務要求吳泰安配合演出「三訪八卦寮」的戲碼。第一次余登發不在；第二次余瑞言在家，吳交給他〈革命動員第一號令〉；第三次余登發在家，吳當面邀他加入革命。余是何等人物，政治神經敏感，發現事有蹊蹺，立刻把他轟走。

吳泰安願意配合演出，當然有條件。特務允諾他，不僅會獲釋，而且會有一個課長的缺等他坐。吳泰安以算命為業，卻算不出自己的命。銜著這允諾，把自己也把別人推入火坑。

第一次示威遊行

余氏父子被捕後，張俊宏接到余陳月瑛電話，說警總、調查局來家裡搜查，不知如何是好。黨外人士立刻召開緊急會議討論。許信良說，余家政治實力最強，有縣長有省議員，國民黨如果敢抓余登發，就敢抓任何人。抓余登發表明是硬幹，是全面鎮壓的開始，黨外不能逃避，拚，才有活路。

許信良建議要：迅速、勇敢、立即，以造成最大震撼。亦即，趁國民黨不備，南下橋頭示威。宣示：第一，堅決反對政治迫害余登發，不容許國民黨以鎮壓黨外做為解決政權危機的手段；不容許余登發被軍法祕密審判；第二，不容許繼續政治迫害。

眾人遂決定突破戒嚴令，南下示威遊行，「拚了！」會議結束，各人分頭進行。首先是說服余家，因為余家打算走「陳情」的軟訴求。許信良強調，此事不是針對余家，而是針對整個黨外，若不對抗，就會被各個擊破。說服至三更半夜，余家同意。

主事者後來都坦承，遊行前夕是激動而害怕的不眠夜，交代後事，做最壞的準備。許信良躲在棉被裡和妻子鍾碧霞偷偷告別。縣長公館被情治單位放置多具竊聽器，嚴密監控中。夫妻倆靜靜躺著，因明日之事驚懼，顫抖不已。陳菊要田秋堇留守臺北負責聯絡，她開玩笑似地說，妳留下來「做種」。大家已有決心，有可能全部陣亡。

次日，黨外人士南下聲援，情治系統聞風而至。南警部副司令、警察局長、警員都來了，對余家勸阻安撫軟硬兼施，余家不為所動。王拓和陳鼓應草擬〈為余氏父子被捕告全國同胞書〉，楊青矗朗讀，眾人簽名，大量影印發給圍觀群眾。二十七名黨外人士，陳菊和陳婉真走在最前頭，其他人走在後面，拉著「堅決反對政治迫害」和「立即釋放余登發父子」橫幅，從余家出發，到橋頭鄉鳳橋宮上香祈福。

黨外人士披著寫上姓名的白布條，邁開步伐時，有人雙腿顫抖。遊行途中，張春男手持麥克風對民眾演講，圍觀者多，但沒人敢加入。畢竟，這是戒

黨外人士橋頭示威。第一排為陳婉真（左）、陳菊（右）。（陳博文提供）

嚴令下，黨外第一次集體參與的示威遊行。

國民黨打算速戰速決，以壓制黨外，阻止全國串連。一月二十一日逮捕余登發父子，二十四日審判吳泰安，三月九日審判余登發父子。余登發高齡七十六，有青光眼、高血壓，坐著輪椅出庭；余瑞言五十三歲，有肥胖症和疑似狹心症，心臟和血壓都不正常。

吳泰安在法庭上，拿特務給他的紙條，照本宣科，堅稱自己是匪諜，是愛國的匪諜，並緊咬余登發父子不放。警總軍事法庭配合劇本進行，不讓吳余對質，余登發怒說：「如果不對質，直接判我死刑好了。」

余瑞言，臺灣大學法律系畢業。因患肥胖症嗜吃嗜睡，不問世事。說他叛亂，無人肯信。連他的臺大同學、省主席林洋港都說：「阮瑞言兄哪會造反？」

由於黨外人士聲援，國際人權組織關切；加上該案劇本荒誕，破綻百出，國民黨無法照原定的「聯合共匪以武力推翻政府」罪名來辦，改以「知匪不報」和「為匪宣傳」定罪。五月二十八日判刑確定，余登發八年，余瑞言二年。

至於吳泰安，結局非常戲劇性。王幸男說：「特務事先告訴吳泰安，表面上他會被判死刑，但是不要怕，這是判給社會看的，三個月後就會放出來。」吳信以為真。五月二十八日，吳泰安穿好西裝擦好皮鞋，坐上囚車，離開景美看守所，他以為會被載往祕密地點藏身。然而他錯了，囚車直接開赴刑場。

王幸男說，臨刑前，吳泰安留下遺言，請憲兵轉告余登發，說「很對不起他」。半年後，《美麗島》雜誌第四期刊出一篇由艾琳達．許心署名的文章，以「革命馬戲團的悲哀」形容吳案，稱之為「最能代表臺灣法治人權水準」的政治案件。

吳泰安的死刑，固然是特務殺人滅口，但也透露極大的警訊。在他之前，政治案件可查考的最後一次死刑，是一九七四年八月十二日槍決臺獨人士鄭評，其後不再動用死刑。時隔五年死刑再起，具有強烈恫嚇意味。

事實上這不只是恫嚇，而是血腥整肅的開始。一九八〇年林義雄家滅門血案，一九八一年陳文成命案，一九八四年江南命案。國民黨政府把白色恐怖再推高峰。

國際人士救援

上街頭示威的黨外人士是極少數，女性更少。橋頭示威當中，竟然出現一名白膚褐髮的美國女性，她就是艾琳達（Linda Gail Arrigo）。

艾琳達，一九四九年生。因嚮往東方，隨父來臺，認識臺灣人陳嘉勝，之後同赴美國結婚生子。她進史丹福大學人類學研究所，依學校規定必須選地點做田野調查，準備論文。她選擇臺灣，一九七五年六月啟程。原本只是一個暑假作業，一次舊地重遊，沒想到，從此和臺灣的命運休戚與共。

艾琳達住在新店的德華女子公寓，和工廠女工同宿同睡做問卷調查。她在陳嘉勝家認識康寧祥，繼而認識陳菊、陳鼓應、蘇慶黎，磁吸效應似的，捲入政治犯的救援工作，公寓舍監袁嫵嫵也加入行列。日後，更陸續認識其他國際人權工作者，如日本的三宅清子，美國的梅心怡（Lynn Miles）、司馬晉教授（James Seymour）等人。

暑假結束，艾琳達返回美國。一九七六年初收到陳菊的求助信，說《臺灣政論》被查禁，黨外人士被鎮壓，她也身陷險境。年底，紐約新社會科學院（New School for Social Research）接受艾琳達入學，洛克斐勒基金會給她獎學金，供她赴臺灣研究一年。陳嘉勝要她二擇一：留下或離婚。艾琳達選擇走自己的路。

艾琳達落腳新店大坪林。在陳菊引介下訪問謝聰敏、魏廷朝、柏楊等出獄的政治犯，寫成報告，交給大阪的梅心怡，再轉給國際人權組織。當時臺灣有許多外籍人士隱祕串連，偷渡資料救援政治犯，艾琳達是其中最活躍的女性。

特務明目張膽地跟監她，她沒被嚇倒，繼續參與。不多久，她的臺大學籍被取消，無法延長居留簽證。她去找教務長魏火曜教授，魏教授低頭囁嚅說，這是安全人員逼的。

在陳菊牽線下，艾琳達和施明德決定結婚，藉由這個婚姻，施得到國際關係，艾得到居留簽證。一九七八年六月十五日，兩人在美國領事館登記公證結婚。當晚，警總特務侵入陳菊家，強行搜索，帶走一大堆文件書刊，擺明了準備動手。

陳菊決定逃亡。國民黨政府發出通緝令，警總六月二十三日在彰化羅厝天主堂逮捕陳菊，罪名是「蒐集反動文件」。陳菊被羈押十三天後獲釋，又被帶去金門前線參觀九天，再被帶去參觀十項建設一星期。多年後得知，是美國國務院中華民國科科長費浩偉（Harvey Feldman）伸出援手，對國民黨施壓所致。

十月十五日，施明德和艾琳達舉行婚禮，四百多人參加。證婚人是八十一歲的雷震，這是他坐牢十年出獄後唯一參加的準政治集會，幾乎是用生命最後的力氣前來祝福，使這場婚禮深具民主薪傳意義。三個星期後，雷震中風，四個月後過世。

第二次中壢事件

一九七九年的橋頭示威遊行，桃園縣長許信良全程參加。國民黨要報中壢事件之仇，立刻發動媒體和桃園縣議會圍剿。許信良在議會備詢表示：

一月二十二日我南下橋頭，僅是曠職一天，我願意接受上級依法制裁。事實上，全省各縣市長有事離開多數沒請假；國民黨籍的參加中央黨部會議、縣市黨部活動，也都沒請假……

一月二十五日，臺灣省政府以「擅離職守」的罪名，將許信良移送監察院審議。四月二十日，監察院彈劾許信良，並移送司法院公務員懲戒委員會懲處。

彈劾文有一段文字：「……阮天仇等十餘民眾指控許信良擅離職守……」阮天仇因〈南海血書〉而家喻戶曉，只不過他是越南籍的荒島孤魂。虛構的外國死人指控活人擅離職守，堂堂記載於中華民國監察院的官方文獻，彈劾文的荒謬可以想見。

風聲鶴唳中，黨外人士決定以大型集會方式回應：五月二十六日為許信良辦三十九歲生日宴。戒嚴令禁止集會結社，只能走法律邊緣，用迎神賽會婚喪喜慶的名目。生日席設中壢鳳仙食堂附近，即許信良的競選總部原址。現場設立長長的海報欄，貼縣長施政報告、相關傳單和地下刊物《潮流》，也擺攤賣禁書。

為了阻止慶生活動，國民黨印製假傳單，四處散發，宣稱生日宴已經取消，又令桃園地區工廠強制工人加班，以減少參加人潮。中壢各街道，憲警五步一崗十步一哨，持槍戒備，如臨大敵，只許出不許進。警備總司令汪敬煦在日後的訪談錄中，把生日晚會稱作「第二次中壢事件」。

即使如此，仍有上千名黨外人士前來參加，高雄余家班也專程北上，湧入會場的群眾有兩萬多人。這是戒嚴時代，黨外人士第一次非選舉期間的大型群眾集會。繼橋頭示威突破遊行禁忌，四個月後突破集會禁忌。

六月二十九日，公懲會宣布許信良「休職兩年」。當天桃園縣境再度軍警全副武裝，戒備森嚴。許信良感嘆，國民黨作票手段「進步」了。以前贏一個縣長要作票十萬張，現在公懲會十三張票就「作掉」二十三萬票選出的民選縣長。

許信良發表聲明，說：「彈劾和懲戒是對民意的侮蔑、對民主的摧殘。」顧及大眾福祉和社會安危，他不採取激烈對抗。他將請假兩年，希望：「這是臺灣最後一次的政治迫害！願上蒼保佑我的同胞，我的鄉土。」

林義雄在黨外總部記者會上怒斥：「國民黨假借民主，欺騙友邦；假借反攻大陸，壓榨臺灣百姓。國民黨只憑一紙公文就把他休職，這表示國民黨在造反！今天國民黨在臺灣，已經不是一個政治團體，而是一個叛亂團體！」

林義雄這番言論踩到國民黨的痛腳。日後，高雄事件大逮捕，他被殘酷刑求，甚至遭滅門兇殺，咸認與此有關。

時任調查局高雄市調處長的高明輝，多年後檢討：「把余登發這樣一個七十多歲老人用莫須有的罪名弄到監牢裡，此事激怒了許多臺灣同胞和行政中立的人士。再來是許信良的休職案，他是民選縣長，犯什麼滔天大罪？竟要休職兩年？」高明輝認為，若不是國民黨錯估情勢，激怒民心，美麗島事件不會發生，國民黨政權不會一洩千里。

催生美麗島雜誌

一九七七年，以臺中為基地的《臺灣日報》，因大幅報導省議會新聞，報量激增，甚受矚目。一九七八年，國民黨為了消音，索性高價向報老闆傅朝樞買下報紙，由軍方接手，《臺灣日報》變成官方傳聲筒。

被解聘的省政採訪主任吳哲朗、《中國時報》前省議會記者陳婉真，和臺中黨外人士陳博文（高中時因思想問題坐牢三年），要讓省議會新聞繼續發聲，一九七九年四月創辦地下刊物《潮流》。八開大小，雙面手寫，鋼版油印，不定期出刊。這是媒體游擊隊，在全臺各地或發或賣，甚為搶手。

姚嘉文隨後跟進，六月創辦小型單張的《消息》報，提供國內外情勢，用自己的觀點寫黨外消息，類似快訊。這兩種短小精悍的媒體，已無法滿足黨外及其支持者的資訊需求。

四月十日，美國《臺灣關係法》頒布。隔兩天，黨外人士討論如何因應，決定發表聲明，主張重返聯合國，把黨外的目標提升到國家前途的層次，爭取維護臺灣安全。黃華說：「國民黨是空間的敵人，中共是時間的敵人。」說明了當時黨外陣營和國共之間的三邊關係。

針對這個議題，許信良、張俊宏、姚嘉文、施明德、林義雄五人小組，經常聚會，逐漸形成黨外決策核心。張俊宏和許信良從《大學雜誌》就開始共事；姚嘉文協辦《臺灣政論》，為郭雨新助選，和林義雄並稱黨外兩大護法；一九七七年林義雄和張俊宏同時當選省議員。

張俊宏形容五人小組的決策模式，是「幫會型合議制」。沒有嚴密組織，各人有各人的事業，唯一全職的，是政治狂熱者施明德，全天候推動大小事務。

三月開始，五人小組商議，延續選舉期間的助選團，並轉型為常設組織。六月一日，「臺灣黨外民意代表聯合辦事處」（簡稱黨外總部）成立，眾人拍照留念。按下快門之際，張俊宏有感而發說：「這些人，以後不是坐牢，就是上斷頭臺。」

關於延續和轉型，許信良堅持兩個原則：掌握宣傳工具，擁有組織工具。前者，許信良等人找康寧祥合辦雜誌，被康婉拒，因為他正在籌辦《八十年代》雜誌。

《八十年代》有臺大教授鄭欽仁、李永熾、林鐘雄、李鴻禧等自由派學者，組成顧問團，記者出身的江春男（筆名司馬文武）擔任總編輯。江春男報界關係好，記者不敢寫給報社的稿件，直接寫給江春男。他也透過外國記者、航空公司職員、神父、觀光客，攜帶國外資料稿件回來，突破資訊封鎖。

一九七八年四月，國民黨禁止新雜誌登記。隔年三月解禁。黃信介去新聞局申請，原本用《聖國》、《臺灣正論》的名稱，都被駁回：「你們黨外是正論，那我們是歪論嗎？」許多刊名申請都不過關。後來在姚嘉文家開會，周清玉一邊炒菜一邊命名，靈感一來，取了《美麗島》三個字。

《美麗島》雜誌如火如荼開辦。發行人黃信介，發行管理人姚嘉文、林義雄，社長許信良，副社長呂秀蓮、黃天福，總經理施明德，總編輯張俊宏，實際執行編務的是陳忠信

《美麗島》雜誌創刊號

和魏廷朝。魏廷朝輩分高，為人客氣，只訂正錯誤，潤飾文字，不太決定稿件用不用。許信良把陳忠信從《八十年代》挖角過來，陳忠信初生之犢不畏虎，大膽約稿用稿，大膽做主。他認為《八十年代》是知識分子的辦誌，他想讓《美麗島》雜誌兼顧草根特色和反對運動的理論水平。施明德說，《美麗島》雜誌第一期出刊，已經確定領導時代風騷了。

八月十六日創刊號問世，轟動全臺，僅僅是臺中市公園路的一個小書攤，一晚就可賣出五百本。創刊號一印再印，總銷售量七萬本；

《美麗島》雜誌成員在總社仁愛路上合影。前排右起，呂秀蓮、黃天福、許信良、林義雄、黃信介、姚嘉文、張俊宏、施明德、林文郎。後排右起，張美貞、陳忠信、劉峰松、歐文港、魏廷朝、楊青矗、吳哲朗、陳博文、紀萬生、謝秀雄、張榮華。（張榮華提供）

之後節節攀升，第四期高達十四萬本，創下政論雜誌的空前紀錄。

隨著雜誌社的發展和雜誌的熱賣，各地分社、服務處和「基金管理委員會」紛紛成立，美國也成立了「全美聯絡處」。「美麗島」成為民主戰場上的閃亮旗旗，引導反國民黨的聯合陣線，各路隊伍色彩斑爛，左右統獨光譜並陳。

鷹派的全面反撲

九月八日，《美麗島》總社在臺北市中泰賓館舉行創刊酒會，賓主約千人參加。酒會前三天，中泰賓館接到恐嚇電話，揚言要放定時炸彈。酒會當天，勞政武、沈光秀等《疾風》雜誌的極右分子，帶領一群中學生聚集馬路，持麥克風大聲叫罵，當面辱罵黨外人士是「賣國賊」、「臺獨分子」、「妓女」，並投擲石頭硬物。數千名警察布置人牆

《美麗島》雜誌中泰賓館成立酒會，右起，施明德、林義雄、呂秀蓮、黃天福、黃信介、許信良、張俊宏、姚嘉文。（陳博文提供）

阻隔，對暴力現行犯視若無睹。

朝野對立升高。國民黨指派政策會副祕書長關中和黨外人士溝通，請吳三連出面，分批宴請黨外人士，私下也展開接觸。黨外人士不滿國民黨把溝通的層次局限在治安問題，要求以對等地位展開政治談判；關中不滿黨外人士互推責任。另一方面，國民黨鷹派認為政府太軟弱，黨外人士只不過是一小撮陰謀分子，通通捉起來就好，溝什麼通？他們認定黨外所要求的國會全面改選、取消戒嚴，全都是叛亂言論。

總之，溝通派原地踏步，沒有進展；鷹派對黨外不斷挑釁，不斷抓人（詳見左表）。一九七九年，政治迫害之頻繁，為六〇年代以後所僅見。

一九七九年政治迫害、恫嚇事件舉要

時間	事件
一月二十一日	余登發父子被逮捕。
一月二十四日	《夏潮》雜誌、《這一代》雜誌（社長黃信介）被勒令停刊。同日，極右分子成立「反共愛國鋤奸委員會」，即後來《疾風》雜誌的前身。
五月	省議會開會期間，軍方在霧峰舉行師對抗演習，議會周遭派駐坦克。六月，省議員林義雄、張俊宏以「大軍壓境」提出質詢。

（續下頁）

五月二十六日	許信良生日餐會，桃園地區遭軍警壓境干擾。
五月二十八日	吳泰安案和余登發案定讞。吳案：一人死刑、兩人無期徒刑、十人八年至十五年。余案：余登發八年，余瑞言二年，緩刑二年。
六月九日	黃順興立委服務處成立，彰化地區軍警壓境，封鎖成立大會現場。
六月十六日	宜蘭黨外人士在五結鄉為陳菊餞行（赴美短期進修），軍警封鎖現場，阻止群眾參加。
六月二十四日	黨外候選人在澄清湖舉辦第一次聯誼，軍警封鎖澄清湖。
六月二十九日	司法院公懲會將桃園縣長許信良停職兩年。
七月二十八日	黨外候選人在臺中舉辦第二次聯誼，軍警以水柱沖散與會者，並以電棍毆打群眾。
八月五日	蔣渭水逝世四十八週年，宜蘭黨外人士舉行「蔣渭水文物展」，在警總阻撓下被迫取消。
八月七日	《潮流》地下報被查禁，交印人陳博文（二進宮）、承印人（印刷廠老闆）楊裕榮被逮捕。二十三日始釋放。
八月十六日	陳鼓應創辦的《鼓聲》雜誌被查禁，九月勒令停刊一年。
八月二十七日	地下刊物《消息》被查禁。
八月三十日	《富堡之聲》發行人洪誌良被逮捕（隔年判決，五年）。
九月四日	康寧祥的助選員張化民被逮捕（二進宮，隔年判決，十年）。
九月八日	中泰賓館事件，極右分子在《美麗島》創刊酒會鬧場。

九月二十二日	基督教書院被全面取締。
十月三日	作家陳映真被逮捕，偵訊三十七小時後釋放。同日《富堡之聲》總編輯李慶榮亦被逮捕（隔年判決，五年）。
十月十五日	八十年代出版社叢書：《自由中國選集》第四本《反對黨問題》被查禁。
十一月二日	日本的人權工作者多喜彥次郎被逮捕（隔日驅逐出境）。
十一月六日	《美麗島》高雄服務處遭六、七名年輕人攻擊。
十一月十二日	《美麗島》南投服務處成立，軍方出動坦克，在街頭演習。
十一月二十日	《美麗島》臺中服務處在太平國小舉辦「吳哲朗坐監惜別會」，憲警圍堵會場，阻止群眾參加。武裝軍人進駐教室，學校頂樓架設機關槍。
十一月二十九日	《美麗島》高雄服務處再度被砸；同日，臺北市黃信介住家被一群年輕人闖入，持斧頭砸毀家具。
十二月七日	《美麗島》屏東服務處成立前夕，六名年輕人持斧頭搗毀家具、砍傷員工，並掏出手槍恐嚇。
十二月九日	鼓山事件。《美麗島》高雄服務處義工姚國建、邱勝雄，在鼓山分局被警察集體施暴，再送往南警部刑求。
十二月十日	美麗島事件。
十二月十三日	大逮捕開始（持續到一九八〇年四月），《美麗島》總社與各分處被查封。

（續下頁）

十二月十四日	立法院院會，兩百多名老立委鼓掌通過，同意警總逮捕黃信介。
十二月十五日	艾琳達被驅逐出境。
十二月二十日	《八十年代》被勒令停刊。
十二月二十一日	日本「臺灣政治犯救援會」渡田正弘被逮捕（經偵訊、刑求，羈押八十四天後釋放）。

從本表看一九七九年的政治局勢，可知國民黨已布下天羅地網。

首先是挑起矛盾進行分化，查禁統派刊物《夏潮》、《鼓聲》、《富堡之聲》，逮捕統派人士陳映真、洪誌良、李慶榮。梅心怡的「擁護臺灣人權國際委員會」（CDHRT；International Committee for the Defense of Human Rights on Taiwan）如此分析：

> 據本會日本總部人士指出，這是國民黨有意使臺灣的黨外人士分裂。因陳映真與李慶榮比較傾向大中國主義，其他黨外人士則強調臺灣本土的民主運動……國民黨的目的，在分化他們的合作……也同時考驗海外的臺灣人，是不是全力搶救大中國主義的擁護者。

其次利用暴徒製造恐懼。十一月以後，這類事件發生多起。特務機關策動右派分子和幫派分子，在公開場合施暴，或登門入戶，侵入服務處和住家。

更嚴重的是軍警介入。在各種黨外聯誼、餞行、慶生、服務處成立等非示威場合，出動大批軍警，荷槍實彈封鎖現場，甚至以坦克、機槍嚴陣以待。

局勢至此，圖窮匕現。朝野雙方的街頭對決，如箭在弦上。

街頭對決的美麗島

《美麗島》雜誌社預訂十二月十日晚上，在高雄市扶輪公園舉行「世界人權日」演講會。十二月九日，《美麗島》高雄服務處義工姚國建、邱勝雄兩人，開車外出宣傳隔天的活動。宣傳車行至鼓山分局附近，被警察攔阻，雙方發生衝突。姚、邱被押入分局，遭十幾名警察圍毆。消息傳回服務處，紀萬生、蘇治芬、蔡有全等人，率眾包圍鼓山分局討人。分局拉下鐵門，隔鐵窗對峙。僵持至深夜，才得知兩人早已被密送警總南警部刑求，要具保才可領人。當蘇秋鎮律師和蔡有全把姚、邱兩人帶回服務處時，據蘇治芬目擊形容，兩人的臉都被打得腫大變形，「幾乎認不出哪個是姚國建？哪個是邱勝雄？」

鼓山事件迅速傳開，群情激憤騷動，宛如火藥桶，空氣的任何摩擦，都可能爆出火花。就這樣，鼓山事件為高雄事件敲了邊鼓，點了引信。俗語云，躲得過初一，躲不過十五。

為了反制人權日活動，警總高雄區戒嚴司令部九日宣布，冬令宵禁演習提前自十日開始，演習期間禁止任何示威遊行。

十日上午，憲兵、保安大隊、新型鎮暴車，全面部署待命；臺北市配備卡賓槍的忠勇大隊四百多人連夜南下。警總南警部司令和憲兵司令部成立「後方指揮所」，南警部副司令和高雄市警察局副局長成立「現場指揮所」。保警大隊排成鎮暴隊形，封鎖活動現場。

下午六點，黃信介抵達高雄火車站，南警部司令常持琇來交涉，常答應「可以演講，不可遊行」。協議達成後，黃信介和常持琇來到《美麗島》服務處時，天已黑，遊行隊伍齊齊站妥，高舉火把熊熊燒。黃信介向遊行總指揮施明德、副總指揮姚嘉文詢問狀況，施說扶輪公園的演講會場已被封鎖，常持琇的承諾是個騙局。

美麗島事件現場，黃信介在指揮車上對遊行隊伍講話。（艾琳達提供）

這時已超出預定出發時間，群眾早就按捺不住。黨外人士左肩斜披三色彩帶，右肩斜披書寫姓名的紅布條，高雄及屏東服務處義工組成「安全組」，維護現場秩序。一如往例，陳菊、艾琳達、曾心儀、蘇治芬等女性站第一排。隊伍前的橫幅是「國際人權日，全國黨外人士演講大會」；後面「還我語言自由」、「廢除戒嚴令」、「停止剝削農民」、「保護工人權利」等標語牌，隨人群緩緩前進。

施明德、姚嘉文的計畫是，隊伍遊行到服務處附近的大圓環，演講後就地解散。但大批憲警已迅速抵達，一排排的鎮暴部隊，叭叭叭踢正步前進，二十四輛新型鎮暴車分不同車隊，封鎖道路，把大圓環內千餘群眾團團圍住。在扶輪公園等候演講的群眾，聞訊欲趕赴大圓環，被憲警阻擋在外。

施明德和姚嘉文獲悉，前往圓環邊的新興分局，和坐鎮的南警部副司令張墨林交涉，要求開放一個出口讓民眾自由出入，以舒緩現場緊張氣氛，演講完就解散。張墨林不肯，要求立刻解散，否則立刻逮捕。分局裡站滿荷槍實彈的警察，和拿照相機、錄影機蒐證的人。

司儀王拓在大圓環依序請周平德、邱連輝、范政祐等人上臺演講，蔡有全帶領群眾合唱〈咱要出頭天〉。此時，中正三路後面，國民黨政府新添購的大型鎮暴瓦斯車初登場。

彷彿科幻電影的場景，鎮暴車打出強烈的探照燈，施放白煙，逐步逼近圓環。群眾往中正四路方向移動，和封鎖線上的憲兵發生幾波衝突。

群眾中，某些理平頭、衣服有特殊記號的「暴徒」開始喊衝喊打。黨外人士不願事態擴大，引導現場群眾繞回服務處。封鎖線外的群眾也趕來會合，擠爆服務處前的馬路。張俊宏上臺宣布解散，但群眾熱情激昂不肯散。張春男、紀萬生等人輪番演講，並帶領群眾唱歌。

輪到呂秀蓮上臺，她分析臺灣前途、臺灣地位未定，暗示國民黨非法統治臺灣，侃侃而談三、四十分鐘，全場靜聽，連警察都安靜聽講。十點左右，鎮暴車出

鎮暴車躲在鎮暴部隊後面發射催淚瓦斯（艾琳達提供）

現了，像科技化的恐龍，強光照射，施放催淚瓦斯，轟轟然而來，強力驅散人潮。被催淚瓦斯驅離的群眾，隨後又回到現場，並開始反擊，石頭磚塊棍棒齊飛，警民衝突持續不斷，打游擊戰似的你來我往，民眾直到半夜才散。十一日凌晨一時二十分，鎮暴部隊撤離現場。

那一夜，國家暴力和群眾暴力在街頭對決，史稱美麗島事件。日後，作家陳若曦為那一夜的事件定了調，她對蔣經國說了八個字：「未暴先鎮，鎮而後暴。」

無論如何，那是波濤洶湧的一年，詭譎的十二月，魔幻的一夜。對許多人而言，命運在這一夜扭轉了。

第七章

大逮捕

清晨五點多，陳菊聽到艾琳達敲門大喊：「來抓人了！快跑！」她還穿著睡衣，立刻拿起重要文件，從後門往樓下林義雄家跑。只見林家外面已被層層包圍，玻璃被打破，客廳門也被打破。

林義雄想保護陳菊，挺身而出，說：「我是林義雄！」特務大叫：「抓起來！」兩人雙手反銬，直接押往軍法處看守所。

拂曉抓人

美麗島事件發生時，國民黨正在陽明山召開十一屆四中全會，滿場要求嚴辦之聲。政治敏感的人，察覺出國民黨要動手了。十二月十一日晚上，張俊宏和吳三連相見，請教有沒有挽回的餘地？吳三連說：「很難，大勢已定。」

十二月十一日，外交部長蔣彥士（即將接任國民黨中央黨部祕書長）約警備總司令汪敬煦、總統府祕書長馬紀壯，以及負責和黨外溝通的關中，到總統府面見蔣經國，報告事件始末，並提甲、乙、丙三個處理方案。

十二日，報紙全面譴責暴力。蔣經國約見省主席林洋港，表示：「非辦人不可！」林洋港建議：「這些帶領的人，大部分也是我們國民黨栽培出來的。執法的同時，請考慮愛惜人才。」他承認，他連「請從輕發落」都不敢講。

風聲鶴唳。高雄周平德經營的中藥店，被十多個年輕人拿棍子砸毀櫥窗；楊青矗接到「放火燒厝」的恐嚇電話；其他黨外人士也被特務近身跟監，左鄰右舍都埋伏了人。十二日下午，《美麗島》雜誌社因應緊急態勢召開記者會。艾琳達形容，記者像禿鷹，臉部表情擺明：「你們準備認栽吧！」

林義雄痛罵記者：「你們這些人，只會聽從國民黨的話，從來不報導事實。我瞧不起你們！」會場譁然，噓聲四起。記者會後，呂秀蓮、施明德、林弘宣、江春男、陳菊、田秋堇、蕭裕珍等人，相約到臺大附近的「西北食堂」吃火鍋。警總、調查局、憲兵隊沿路跟監，餐廳外被特務團團圍住。大家都知道，這是最後的晚餐。

《美麗島》召開記者會的同時，警備總部也在開會。汪敬煦下達指令：一、將高雄事件不法分子依法拘捕法辦；二、不法分子被捕後，注意可能引起的副作用，以及預先防範處置；三、全面維安之加強維護。

逮捕和偵訊計畫稱為「一二一〇專案」，由警總、調查局、警政署和憲兵司令部四大系統分頭進行，警總協調指揮，專案的行動組設在新店的調查局本部。各單位很快地展開行動。

當晚，張俊宏、施明德、呂秀蓮等人在姚嘉文家會商。姚嘉文以「法律人」的專業，認為國民黨不會抓人。張俊宏說：「我真是羨慕他！他永遠都往好處想。本來已經沒有明天了，聽他這麼一說，會覺得：怎麼？還有明天啊！」

施明德深夜回家，對艾琳達說：「明天會逮捕。打電話聯絡人吧！」當時沒有網路，沒有手機，對外聯絡只能靠電話和信件。

果不其然。十三日凌晨，全臺警騎四出，全副武裝，從陽臺、從屋頂、從前後門，破門而入，持槍擄人。在張俊宏家，特務拿槍頂住張的四歲小孩，張俊宏問：「搜索票呢？」他們答曰：「什麼搜索票？逮捕票！」

施明德、艾琳達、陳菊、呂秀蓮都住林義雄家樓上。清晨五點多，陳菊聽到艾琳達敲門大喊：「來抓人了！快跑！」她還穿著睡衣，立刻拿起重要文件，從後門往樓下林義雄家跑。只見林家外面已被層層包圍，玻璃被打破，客廳門也被打破。林義雄想保護陳菊，挺身而出，說：「我是林義雄！」特務大叫：「抓起來！」兩人雙手反銬，直接押往軍法處看守所。

特務按電鈴、敲門之際，艾琳達忙著在屋內布置馬奇諾防線，拿沙發、桌子、書籍，所有拿得到的東西頂住門，不讓特務進來。呂秀蓮自知逃不了，到浴室換妥衣服。長期跟監她的特務，從後陽臺爬進來，大叫「呂秀蓮！」她乖乖站在原地。那時天才濛濛亮，下著小雨，她眼角餘光看到施明德從隔壁日式房子的屋頂往下跳。呂秀蓮接過令票，看到上面寫著「涉嫌叛亂」，背脊瞬間發涼。

在埔里，紀萬生的妻子早早從銀行領了五萬元，要他逃亡。紀萬生說：「每次改革都需要流血。」堅持從容就義。

凌晨五點半，軍警圍住紀家門口和屋頂。紀萬生對妻子說，蘇俄的革命者，即使在被逮捕時也要有所表現，不能白白被抓。當軍警撞門而入，紀萬生和妻子大喊：「強盜土匪的走狗！」小孩從睡夢中驚醒，也大喊：「強盜土匪的走狗！」鄰居被驚醒，紛紛打開窗戶張望。

押人後，車子急急駛走，紀萬生的女兒追出去，撿起大石頭往車窗玻璃扔，嘩的一聲車窗破了。紀太太攔住車子不給開，特務就押人換車，咻咻開往臺北。

在高雄楊青矗家，也是清晨，特務來敲門。楊青矗還穿著睡褲，特務不讓他換衣服，有人抬手有人抬腳，像抬豬那樣把他抬出去。楊母一見，驚惶問：「你們要把我兒子拖去哪裡？」特務腳一踢，把楊母踢倒在地。

天未亮，美麗島人士一個個被國民黨收網，銬上手銬，押上囚車，送往各監獄，刑求偵訊。

逮捕黃信介，須經立法院同意。十四日，立法院召開臨時祕密院會，兩百五十人參加，絕大部分是萬年立委。議事組宣讀警總要求同意逮捕的來函。讀畢，倪文亞院長兩度詢問：「有無異議？」全場響起一片掌聲，倪立即宣布「無異議通過」。

康寧祥站起來抗議，要求發言。倪說此案已經無異議通過，立刻宣布散會。十幾部警總車輛，隨即開往黃信介家。

從大逮捕當天起，黃信介家就被情治人員嚴密監控，他知道逃不了，也不想逃。報紙、電視，都是喊殺喊打的聲浪。他交代妻子和子女要堅強，不要難過。他對女兒說：「爸爸不是當強盜，也不是做小偷，一點也不恥辱。」他打電話給許榮淑，交代遺言似的：「榮淑，我現在要被抓走了，未來妳要擔起責任，照顧家屬，要勇敢一點。」

營救聯合陣線

呂秀蓮的哥哥呂傳勝，看到電視新聞播報「呂秀蓮被捕」，當場胃出血。呂母受此打擊，跌倒在地摔斷了骨頭，坐輪椅直到過世。

軍事檢察官帶人查封位於臺北市仁愛路的《美麗島》雜誌社總部，全臺十一個服務處也同時查封。林義雄的祕書蕭裕珍聞訊趕赴雜誌社，眼睜睜看他們翻箱倒櫃。蕭裕珍說，公然竊聽、跟監、逮捕、抄家，傳達的信息是「要給你更難看、更難過，甚至更恐怖」。

十三日凌晨大逮捕後，婦女站上火線。艾琳達和二十幾名家屬聚集許榮淑家，商討如何營救。艾琳達負責與國際媒體、人權組織聯繫。第二天，她就被警政署叫去做筆錄，十五日驅逐出境。

艾琳達在飛機上一路哭，想到人被捕、被刑求，民主運動完了。她決定從日本轉飛香港。國際媒體的亞洲通訊社都在香港，她要去那兒讓全亞洲、全世界的人知道真相。

許信良人在美國，透過「臺灣之音」廣播，瞭解情勢發展。他得知黃信介也被逮捕，判斷事態嚴重，和陳婉真火速約集史明（獨立臺灣會）、林台元（臺灣共和國臨時政府）、洪順伍（臺灣協志會）、郭雨新（臺灣民主運動海外同盟）、陳重任（臺灣民主運動歐洲同盟）、張燦鍙（臺灣獨立聯盟）、彭明敏（臺美協會）、黃彰輝（臺灣人民自決運動），成立「臺灣建國聯合陣線」，十二月十五日發表成立宣言。

宣言由許信良擬稿。宣言結尾，是日後常被引用的剽悍文字：「我們將積極結合臺灣島內外同胞，對國民黨政權作立即的、持續的、全面的攻擊，一直到這個罪惡的政權徹底從整個地球上消失。」

全臺草木皆兵，亟需外力救援。為了爭取時效，海外臺灣人把重點放在美國國務院和美國在臺協會，持續遊說和施壓。

世臺會（世界臺灣同鄉會聯合會，WFTA）負責大部分的救援實務。會長陳唐山任職美國聯邦政府，向主管請求改為彈性上班，星期五整天待在國會，處理救援事務。陳唐山召集華府所有能寫英文、能彙整資料、有時間、有意願的人，投書各大報。臺灣人權協會（FAHR；Formosan Association for Human Rights）會長范清亮發起一人一信寫給美國國會議員。參議員愛德華．甘迺迪辦公室說，他們收到八千多封信件，是有史以來單一事項的最高紀錄。救援團體要求召開公聽會，要求美國在臺協會主席丁大衛（David Dean）訪臺，調查真相。陳唐山說：「只要讓我找到一個管道可以影響美國人，我就去影響，能做的就趕快做。」

荷蘭人韋傑理（Gerrit van der Wees）和臺灣妻子陳美津，也是臺灣向世界發聲的重要管道。一九七〇年代中葉在美國西雅圖華盛頓大學留學時，他們就積極關心臺灣民主運動，曾邀請彭明敏到學校演講。一九七九年七月，臺灣內部情勢險峻，他們開始發行以臺灣人權為主題的新聞信（newsletter）。第一封新聞信，公布余登發、白雅燦、黃華、楊金海、鍾謙順等十名政治犯名單，懇請讀者寫信給美國國會議員，強調軍售臺灣政府，必須以改善人權為條件。

美麗島事件後，他們根據艾琳達的電話錄音，和各地傳來的資料，十二月十五日完成長達八頁的新聞信，向全世界傳遞真相，爭取支持。除了一封又一封的新聞信，他們拚命打電話，當時沒有傳真機，沒有網路，和臺灣聯絡全靠電話，一個月電話費花了八百元美金，比薪水還高。原本新聞信不定期出刊，大審判之後，他們深覺救援工作和人權工作是長期的使命，必須規律和恆心，決定從一九八〇年十二月，高雄事件一週年時，出版《臺灣公報》（*Taiwan Communiqué*）雙月刊。定期報導臺灣人權現況和議題，協助國際社會瞭解臺灣，鼓吹臺灣成為重要國際組織之一員。《臺灣公報》出版不輟三十餘年。

愛護患難困苦之人

大逮捕如火如荼進行時，施明德成了漏網之魚。

十三日拂曉，軍警破門之前，喧譁混亂之際，施明德跳樓逃逸。政府成立「獵明專案」，調查局也成立「響尾蛇專案」，積極追捕施明德。施透過政治犯林樹枝協助，找上「聖經公會」出版幹事趙振貳牧師，再轉往路德教會吳文牧師的家。吳文二話不說，帶領大家禱告，討論如何協助。

那天晚上電視新聞發布：懸賞五十萬元緝捕施明德。日後又提高到一百萬元。通緝海報貼滿大街小巷，山巔海角。

十二月十五日，趙振貳找長老教會總幹事高俊明牧師密談，說施明德已走投無路，希望高幫忙。事實上，十三日早上，長老教會傳道師許天賢，已因高雄事件，於臺南白河林仔內教會主持聖誕節主日禮拜時，在講壇當眾被捕。在禮拜場合逮捕神職人員，是對宗教相當嚴重的侵犯。

高俊明對趙振貳說：「請讓我想一想。」他在辦公室踱來踱去十幾分鐘，思考和祈禱。他並不是考慮自身安危，而是考慮身為總會總幹事，必須「對全臺八百多所長老教會和十六萬信徒負責」。助理施瑞雲提醒他：「施明德若再被抓，就是死刑了。」

高俊明一驚：「基督徒的信仰，愛護患難中困苦的人，責無旁貸。」當下決定幫忙。和施瑞雲商量後，找上喀爾文神學院院長林文珍長老。林文珍上有七十多歲老母，下有兩名幼子，還有一名智障的弟弟，全家靠她一人撐持。她聽了，說：「請讓我想一想。」低頭祈禱，沒多久，說：「好。」

林文珍把施明德藏在她家，她家位於臺北市區大樓，大樓住有國民黨黨政要員。施明德戴上老人帽、老花眼鏡，拿掉假牙，扮成鄉下老頭，通過管理員和電梯的監視，抵達林家。林家老小也當他是鄉下親戚。

藏匿兩星期後，又透過吳文聯絡，找施明正（施明德兄）的友人許晴富接手，許晴富爽快答應。二十八日，施明德搬到西門町許家，又聯絡張溫鷹醫師來動手

因藏匿施明德案入獄的林文珍長老（左二），出獄後與高俊明牧師的妻子高李麗珍牧師娘（右二）合影。（高李麗珍提供）

術整理牙齒。十一天後，施明德被捕，成了全國、甚至國際的大新聞。

許晴富、吳文、張溫鷹隨即被捕；沒多久，施瑞雲、林文珍、趙振貳、林樹枝、黃昭輝、許江金櫻等人也先後入獄，只餘高俊明牧師一人。

高俊明牧師入獄前與家人合影（高李麗珍提供）

「每個人都被捕了。我希望趕快自首，把所有責任擔起來。」高俊明和鄭兒玉、翁修恭、謝禧明三位牧師商量，要安排總幹事繼任人選，勿使教會受任何牽累。

但三位牧師認為，應以時間換取空間，讓國際瞭解臺灣情勢，「如果你去自首，當局速審速決，依其意下獄和槍殺，教會和國際人權組織等團體，根本沒有搶救的可能。」他們決定拖延時間，拉長戰線，引起世界輿論的注目。

四月二十四日，逮捕時刻到來。高俊明說：「我確知他們會來逮捕我，我也期待他們來。等待逮捕比逮捕本身更折磨人。」

全面刑求算總帳

大逮捕之後，隨即展開偵訊。陳菊被移送警總軍法處看守所安康分所，交由調查局審訊。小說和電影的情節，全部化為現實。強光直照，三天三夜不給睡覺。特務分兩組，唱黑臉和白臉。陳菊說，偵訊的人罵她應訊像擠牙膏，擠一下，才講一點，接著就動手打她。

紀萬生在警總保安處的地下室被修理九天八夜，受遍酷刑，坐「老虎凳」痛至昏厥，體重從七十三公斤掉到六十二公斤。醫官見傷勢嚴重，勸特務：「不能再打了。」特務說：「刑求是我們的看家本領，不打，怎麼行？」不准醫官療傷。

邱奕彬沒有參加高雄的活動，但國民黨要算中壢事件的老帳。邱奕彬被押到警總保安處，比照重刑犯，上手銬腳鐐。特務嗆他：「我們這邊專門關臺大的人、殺臺大的人，臺大畢業有什麼了不起？」

邱奕彬事後回憶，偵訊一開始就有一種咚咚咚的聲音，二十四小時響個不停，好像催眠，會消除自我防禦功能。意識迷離下，他彷彿看到全家人都被殺。

邱奕彬被偵訊七天七夜，寫了十八張自白書。特務要他嫁禍康寧祥、張德銘和許信良，他拒絕出賣，咬舌自盡。特務用牙刷撬開他的牙齒，牙齦整個被撬爛。邱奕彬用多日未剪的長指甲亂揮亂掐，奮力反擊特務。被制伏後，送往三軍總醫院，手腳綁在床上三天三夜，舌頭被縫回。

國民黨的偵訊策略，據張俊宏觀察，是先逼被告以自白書自誣，再逼被告攀誣他人。偵訊單位有二：一是警總，殘酷刑求，讓人肉綻骨斷；二是調查局，疲勞偵訊為主，刑求其次。

張俊宏說：「我無法記憶偵訊室天窗到底經過幾次明暗……就像索忍尼辛《古拉格群島》所寫的，到最後恍惚狀態，眼睛一閉，最想念的人就出現了。我父親，當時我最擔心他……」

蘇慶黎被抓到景美軍法看守所，調查局特務第一句話就說：「蘇小姐，現在是年終，要算總帳了。我們根本不是因為美麗島事件把你們抓進來，妳的帳本已經夠大了，我們只是藉這個機會把妳抓進來。」

她先後被送往三個地方疲勞審問。某日，偵訊突然中斷。她說，那天早上偵訊員進來，拿了一份報紙，也不問話，只破口大罵：「他媽的，若不是要買武器的話，甩你美國人！」蘇慶黎知道，美國的壓力下來了。之後，偵訊開始放鬆。

逃亡二十六天的施明德，在外觀察情勢的變化。他說國民黨的盤算是：讓美麗島諸君在公開審判時認罪，「美麗島政團」瓦解，社會公信力喪失，以後再也不能復起。

美麗島事件後，官方成立「一二一〇專案」統籌指揮相關行動。其中逮捕行動稱為「安和計畫」，共有安和、安和二號、安和三號，先後逮捕四十四人（加上事後逮捕的施明德，為四十五人），計四十一人被依軍、司法起訴審判。這是美麗島事件直接逮捕的人數，不包括藏匿施明德案。

事件過後十三天，警政署又展開為期十個月的後續清算，稱為「清從專案」。警總從各縣市警察局提報、被疑有參加人權日活動的「不良分子」數百人中，核定一百一十二人（至一九八〇年三月十日），或以流氓列管，或送法辦，或另案處理。其中有一些人是「情治單位運用之人員」，僅予「嚴重告誡」處分。

美麗島的漏網之魚

美麗島大逮捕，國民黨的天羅地網雖然嚴密，但有幾個人士沒有落網，或暫時沒有落網。例如許信良，被公懲會休職後，九月三十日舉家出國。他說，從英國留學返臺後，忙了十年，沒有時間靜下來瞭解世界，想趁著休職出國念書一兩年。

在關鍵時刻選擇離開戰場，真正的理由只有他知道。但他顯然沒想到，從此望斷鄉關，再回臺灣已是十年以後。一九八六年他兩度搭飛機闖關，未遂；一九八九年搭走私船偷渡回臺後，第二天旋即下獄，判刑十年。這也是後話。

一九七九年七月，陳婉真取得出國觀光簽證，赴美訪問。八月，獲悉國民黨逮捕《潮流》陳博文、楊裕榮，她在紐約絕食抗議十二天，昏迷送醫。此舉喚起美方關注，施壓國民黨放人，她因此和許信良一樣被列入黑名單。再回臺也是十年後，於鄭南榕的出殯式，奇蹟般現身致敬。

在臺灣，因政治問題被解聘最多次的學者當屬陳鼓應。一九七九年之前，先後遭文化哲學系（一九六六年）、臺大哲學系（一九七二年）解聘。橋頭示威之後，又遭政大國關中心解聘。七月，他申請出國獲准，到了美國就被列入黑名單。一直到一九九七年，臺大哲學系事件平反，才重回臺大任教。

《美麗島》社務委員劉峰松，大逮捕中暫時倖免。隔年十二月，他在彰化競選國代。傳單寫道：「長期戒嚴，扼殺民主；萬年國會，踐踏民權；苛捐雜稅、妨害民生」及「政治像拔河，沒有贏就是輸，堅守民主陣容的同胞啊！一、二、三嗨！快把專制獨裁拉垮！」國民黨政府以《選罷法》「煽惑他人犯內亂罪」之名，判刑三年半。

另一名社務委員張春男巧妙脫逃成功。情治單位四處要捕捉張春男，張春男錄了一捲錄音帶，請朋友拿去日本打電話到他家，放錄音帶跟家人對話。錄音帶中張春男說，他人在日本，過幾個月再回家。情治單位竊聽電話，以為張春男逃到國外，不再追緝。張春男躲了半年，等警總結案、鋒頭過後才出來。

隔年十二月，他在中部競選立委。和劉峰松一樣，以《選罷法》罪名，被判刑三年半。

經過這場大整肅，黨外檯面上的人物幾乎被收拾殆盡，不是淪為階下囚，就是變成黑名單。那是一個特別寒冷的冬天。

美麗島受刑人刑求概況（部分）

受刑人	刑求狀況
呂秀蓮	疲勞審訊、精神侮辱、罰站、不准吃食等。
林義雄	精神恐嚇、連續約十天拳打腳踢、用香菸燙臉燒鬍子等。
紀萬生	疲勞審訊、被毒打、被砸東西，左耳被打聾；「坐飛機」（將其雙臂撐開做展翼狀，再猛擊腹部）導致腎臟和脊椎受傷；「蒙古烤肉」（用香菸燒臉頰）；從鼻孔灌辣椒水、拿乒乓球塞嘴巴。

（續下頁）

邱奕彬	受到相當程度的肉體殘害；一度咬舌自盡未遂。
楊青矗	疲勞審訊、動粗毆打，被偵訊人員強迫逼供的情形好比「磨豆腐，壓成豆腐乾」。
周平德	被掌嘴，打胸部、頭部，罰跪，五天五夜沒睡覺。
邱茂男	連續十天疲勞審問：前五天沒睡，後五天每天睡一小時，以後三、四天不睡是常事。
范政祐	不准睡、毆打、罰跪、拔鬍子。
王　拓	七天七夜只睡一小時，屢次被打耳光。
吳振明	被打得口吐鮮血、下體成傷；用原子筆刺喉，自殺不成。
吳文賢	上腳鍊、吃鹽水飯一星期。
許天賢	上腳鍊、吃鹽水飯。
戴振耀	上腳鍊、吃鹽水飯，因反抗被施打自來水針。
蔡有全	被打至胸部呼吸困難、下腹受傷；以頭撞牆、罰半蹲。
余阿興	上腳鍊、吃鹽水飯；被迫脫衣，半夜只穿內褲偵訊。
許淇潭	雙手舉起罰站、毆打、腳踢。
蔡精文	嚴刑拷打，用皮鞭抽，威脅要吊起來打成耳聾；上腳鐐、吃鹽水飯二十天。

邱垂貞	連續十天坐在椅子上，一遍遍寫自白，四天四夜不睡，拳打腳踢至胃出血。
蘇振祥	毆打、用香菸燻眼睛、罰做伏地挺身。
陳福來	上腳鍊、在高雄市警察局被六、七人毒打，腳盤手心都腫，到調查局又被用電棍毒打。
劉華明	上腳鍊、吃鹽水飯、踢打成傷。

資料來源：呂秀蓮《重審美麗島》，一九九七。

第八章

大審判

……能夠發出悲鳴之聲的也只有我們，政治犯的家屬。其他和美麗島事件沾得上邊的人，必須噤聲，否則就等著在路上被帶走，或回家打開門，看見有人在等你。政治犯的家屬能夠發出一點悲鳴，那是時代進步才有的事。倒轉時光，要是我們活在二二八的時代，還能，還敢悲鳴嗎？不能，不敢的，自己能活就活，不能活就默默去死吧。

——唐香燕〈美麗島連作．狂風往事〉

美麗島的家屬們

十二月十三日中午，協助關中和黨外溝通的政大教授黃越欽，打電話到尤清的事務所，說逮捕名單中有他，要趕快善後。

尤清，一九四二年生，高雄大樹人，政治大學法律系學士，德國海德堡大學法學博士。一九七三至七八年留學德國時，正值西班牙、葡萄牙、希臘三個歐洲國家從威權統治轉型民主，電視、報紙和雜誌幾乎天天都有報導和討論。此事帶給他很大的刺激，刺激他思考臺灣的前途：「終有一天必須轉型的臺灣，到底是把蔣經國推翻，或者讓蔣經國改變？到底要革命，或者改革？」他確定的是，臺灣不可能沒有陣痛、沒有街頭運動、沒有流汗流血，就和平演進的。

回臺以後，尤清參加中國比較法學會，兩度在《美麗島》雜誌發表文章。第一篇，是回應姚嘉文在第一期的文章〈「叛國論」——國不可叛，民不可辱〉。尤清說，根據德國憲法第二十條第四項「積極的抵抗權」，人民有抵抗權，可以推翻政府。他引經據典寫成〈論抵抗權〉，主編陳忠信加上編按，引《孟子．梁惠王篇》：「聞誅一夫紂矣，未聞弒君也。」國民黨對此非常不悅。第四期，尤清又寫了〈淺談法治與人權保障〉，大意是講，「國家的實定法完全否定人權，這是不正的法律，人民可以不遵守。」這句話當然也惹火了統治者。

大逮捕當天上午，尤清和黃石城、音樂家林二共進早餐，三人討論創辦雜誌。尤清提出雜誌宗旨「深耕臺灣，博觀天下」，意思是，既要瞭解臺灣，也要瞭解世界。

黃越欽和尤清是政大同學。尤清接獲黃的通報，立刻趕回事務所，把公事和善後交代完畢；又回家和妻子曹子勤說明，妻子一聽就哭了。尤清說：「假如我被抓，事務所已經準備好了；假如我沒被抓，有人來找我辯護，無論多艱難，我還是要接……就像外科醫師，碰到大車禍、大災難，一定要救人，否則一生痛苦內疚。」下午，調查局人員進來事務所，尤清承認「當時手腳馬上冷起來，說不怕是騙人的」。晚上，許榮淑來事務所，請他幫忙辯護。

許榮淑先找張德銘商量，她說當務之急是請律師。張德銘說：「現在很困難，沒有人敢出來。」他們討論可能的律師人選，要家屬自己一個個去拜訪。

許榮淑，一九三九年生，屏東人，師範大學畢業，任教國中。和張俊宏結婚後，參與了丈夫政治生命的高低起伏，跟著南北奔波，投入甚深。一九七八年十一月，黨外助選團曾徵召她參選監察委員。大逮捕之後，備受驚嚇、不知所措的女眷聚集到她家。田朝明醫師的妻子田孟淑（田媽媽），和陳鼓應的妻子湯鳳娥也前來協助。陳忠信的妻子唐香燕

〈美麗島連作．狂風往事〉，記錄了那段日子：

……聽聞太多，因此懼怕所有的事，所有的人。所有的事，都可疑。所有的人，都可能是敵對的人，包括記者。有一個晚上，十幾個政治犯的太太、女眷，在最有活力的一位政治犯家屬，後來選上立法委員的許榮淑家裡聚會。忽然樓下有人按鈴，說是記者來訪，之前聯絡過的，可以開門嗎？

大家共同的感覺是：麻煩來了，只會醜化我們的人來了。

許榮淑也這樣覺得，但是她說這位大報記者聯絡了好幾次，不好意思一直拒絕，就由她一個人來應付一下吧。

她讓我們一大群女人都悄悄躲進客廳旁

美麗島事件受難者的配偶和親友互相扶持。左起陳秀惠、袁嬿嬿、許榮淑（張俊宏之妻）、湯鳳娥（陳鼓應之妻）、李豐（李慶榮之妻）、藍美津（黃天福之妻）、方素敏（林義雄之妻）。（袁嬿嬿提供）

邊的房間，關上門，才按鈴請那位記者上樓。

客廳裡面，寒暄，喝茶，問答，大概半個鐘頭不止。我們十幾個人擠坐在放著單人床和書桌的小房間裡，一聲不出，靜默聆聽。要是那位記者在客廳裡坐一個晚上不走，我們大概就會在小房間裡坐一個晚上不出去。他一定知道當時屋裡有很多女人，因為玄關滿地都是女鞋。他或許也能夠從那明明有很多人，但是卻聽不見聲音的，不自然的安靜裡知道大家害怕他所代表的媒體，和這個屋子外面的世界。像地鼠一樣地躲藏，我並不喜歡這樣。但是別無選擇……

又一段：

我開始幫忙做些聯絡和寫陳情書的事情。家屬圈同伴很多是住在中南部，要帶小孩要顧家，要奮力維持生活；我年輕沒小孩，住臺北，有雜誌社的工作收入，負擔比較輕，就自然開始幫忙一些事情。有一個星期天，我在許榮淑家裡，她正陷於大人叫，小孩哭，狗亂尿，諸多事情糾結不清的星期天大白天的混亂裡。於是我幫她打電話，聯絡昨天沒聯絡到的關先生……

辯護律師團組成

美麗島事件大逮捕，收押四、五十人。三十四歲的律師謝長廷掐指一算，每名被告需要兩名律師，共需要一百多名律師，他心想：「我們誰都跑不掉。」

局勢險惡，他和母親、妻子討論，家人都反對。他內心甚為掙扎，最後決定：「若沒人來找，我不主動爭取；一旦有人來找，絕不推辭。」

謝長廷，一九四六年生，和黃信介一樣，都出身臺北市大稻埕。黃家是富戶，謝家是打鐵街的庶民。謝長廷從臺灣大學法律系畢

一九八〇年軍法大審辯護結束後，律師團合影。前排右起，陳水扁、蘇貞昌、謝長廷、呂傳勝、尤清、鄭勝助、張俊雄。後排右起，郭吉仁、金輔政、張政雄、江鵬堅、高瑞錚、鄭慶隆、李勝雄。（李勝雄提供）

業，赴日本京都大學深造。他說：「以我在京大受的法學訓練，這種官司不能推辭；律師拒絕這種官司，在歷史上是可恥的。」

一九八〇年一月，謝長廷看見周清玉推開事務所玻璃門進來，心裡就有數了。周清玉拿著委任狀哭訴經過，話沒講完，謝長廷說：「請妳不要再講了，姚嘉文坐牢，不是為個人，是為了整個民主運動。沒問題，我一定接受辯護任務。」

大逮捕之後，周清玉先找康寧祥幫忙，她說：「我認識的人都捉光光了，只剩康寧祥一人。但老康顯然也嚇到了。」周清玉說，開始「動」起來的，是長老教會。牧師、牧師娘、教友來家裡訪問、安慰，辦祈禱會，原本不熟的家屬也漸漸集合。周清玉說，我們一開始是哭，一直哭，但堅信丈夫是愛臺灣，不是叛亂犯。她說：「那陣子，我就像瘋子，整天蒐集資料，一直寫，一直講，一直發出去。」

最終，張德銘和康寧祥尋求陳繼盛律師的協助，組成軍法大審辯護律師團，共十六人：尤清、江鵬堅、李勝雄、呂傳勝、金輔政、高瑞錚、張火源、張俊雄、張政雄、陳水扁、鄭冠禮、鄭勝助、鄭慶隆、謝長廷、蘇貞昌、郭吉仁。

冒著政治風險和社會壓力加入辯護律師團，各人的因緣不一。例如，呂傳勝是呂秀蓮的胞兄，鄭冠禮是呂傳勝的妻舅；尤清曾在《美麗島》雜誌寫文章；蘇貞昌和姚嘉文曾任青商會臺北分會會長、副會長；張政雄和林義雄是大學同學；李勝雄、張俊雄和林弘宣同屬長老教會。除了這些或深或淺的親友私誼，主要是中國比較法學會和平民法律服務中心的淵源。

早期的律師，軍法官轉任者多，律師高考者少。軍法官不需通過律師考試，只要檢覈資格即可轉任，非常寬鬆。大學法律系學生的律師高考，每年錄取名額卻是個位數。律師公會長期由軍法官系統的保守勢力把持，年輕輩的法律人為了抗衡，於一九七〇年成立中國比較法學會，創辦者七人：姚嘉文、林義雄、陳繼盛、張政雄、張德銘、賴浩敏、張子源。法官、檢察官、律師、法學者、法律工作者皆可加入。中國比較法學會一直到一九九六年，才得以去掉中國，改名為臺灣法學會。

法學會所屬的平民法律服務中心，成立於一九七三年，先後在臺北、臺中、臺南創設據點，是全國第一個免費的平民法律服務機構。律師團中的鄭慶隆和郭吉仁，曾任該中心主任；姚嘉文、林義雄、蘇貞昌、張德銘、張政雄、陳繼盛、高瑞錚，都當過志願律師。

除了尤清，大部分律師幾乎無涉政治，只是基於單純的正義感和素樸的改革理想，或其他個人因緣。例如陳水扁，臺灣大學商學系一年級時，聽了黃信介的政見會，決定休學重考法律系；畢業後成為海商法律師；十年後，竟為黃信介做了個人第一件政治辯護。

蘇貞昌說，過去，誰替「二條一」（《懲治叛亂條例》第二條第一項，唯一死刑罪）起訴的叛亂犯辯護，誰就被視為叛亂犯的同夥，成為下一個被告。「姚嘉文、林義雄為余登發辯護，這次變成被告；我們為他們辯護，很可能就變成下一波被告。」

美麗島案的律師接受委任狀後，立刻站上火線，被媒體抨擊，電話被監聽，恐嚇信恐嚇電話不絕。陳菊的辯護律師高瑞錚說，參加辯護，大家也知道是雞蛋碰石頭，「我們的想法是，好好辦這個案子，留下歷史紀錄。」

以軍售換人命

大逮捕之後，海外掀起大規模的救援行動。檯面上包括所有人權救援團體（如國際特赦組織）與個人（如梅心怡、三宅清子、艾琳達、安德毅〔Dennis Engbarth〕）、海外臺灣人團體（如世臺會、臺灣建國聯合陣線）、海外華人（如聶華苓、余英時、陳若曦）等。

這些救援團體與個人，大多在美麗島事件前就已長期關注和救援臺灣政治犯，事件發生後，當然繼續救援和關懷受難家屬。美麗島案是他們人權志業生涯的巨幅篇章，他們對國民黨所起的最大作用，就是形成壓力。

逼迫國民黨讓步，必須軟硬兼施，除了抗議譴責，也要交易談判。檯面下交易的對口是華府；而華府肯不肯救援，又取決於檯面上的救援力量大不大、能不能施壓。

目前所知，華府與國府的檯面下交易，可確定包括軍售。事件後三十年，二〇〇九年二月高雄市長陳菊出訪華府，參加一場座談會，與她的老友、前國務院中華民國科科長費浩偉晤面。費浩偉證實，華府當年以對臺軍售為籌碼，換取陳菊等人免於死刑。

所謂「陳菊等人」，就是遭軍法審判的八名被告，按《懲治叛亂條例》第二條第一項起訴，是唯一死刑的罪名。

事件發生後，美國國務院官員至少三次發表意見或評論。助理國務卿郝爾布魯克（Richard Holbrooke），私下要求臺北當局對本案公開審判，不要以叛亂罪審理。而參眾議員反應強烈，更不在話下。這一切，在臺灣全部消音。

陳若曦面諫蔣經國

救援主力在海外，島內除了辯護律師群，很少人敢公開聲援。但八十歲的吳三連和七十六歲的監察委員陶百川，以總統府國策顧問身分聯合致函蔣經國，提出他們對「高雄不幸事件」的看法。他們的策略是，質疑案件屬性，爭取審判空間，希望不要那麼快就把全案定調為「叛亂」。

蔣經國不予理會。吳三連並不放棄，又安排旅美作家陳若曦回臺面見蔣經國。當時海內外有識之士，憂慮大逮捕後果，擔心二二八事件重演。包括哈佛大學教授余英時在內等學者，投書《紐約時報》指出，受審判的不是這些人，而是臺灣的民主。

美國愛荷華大學「國際作家工作坊」負責人聶華苓，曾任《自由中國》編輯，親身經歷過雷震案的整肅，擔心國民黨擴大打擊面，於是建議陳若曦返臺面見蔣經國，表達關切。她對陳若曦說：「一九六〇年中國民主黨事件，我們希望胡適回臺灣，為雷震求情，他沒有。我們一輩子不原諒他。」

陳若曦，一九三八年生，臺北人。讀北一女高三時，正逢市長選舉，國民黨的黃啟瑞和黨外的高玉樹對壘。班導師要大家討論「如何選賢與能」，陳若曦說民主政治要有監督，既然執政黨是國民黨，市長應該由無黨……話沒說完，立刻被班導師推開，破口大罵：「妳想造反呀？全是胡說八道！」

這是她的白色恐怖體驗之一。此外，她的高中老師——舞蹈老師蔡瑞月，因為丈夫雷石榆被疑為共黨，受株連關到綠島；話劇老師崔小萍日後被指為匪諜，判刑十四年。一九五七年，陳若曦考上臺灣大學外文系，同學歐阿港大三時去成功嶺受訓就沒有回校，直接送到監獄關了三年。

陳若曦說，那是一個苦悶的時代。為了在心靈上找尋出路，她和同學白先勇、王文興、歐陽子等人創辦《現代文學》，「藉著文學來渲洩我們對現實的不滿」。

畢業後，陳若曦留學美國。一九六六年和丈夫段世堯奔赴社會主義新中國，歷經文化大革命的痛苦洗禮。七年後離開，移民美國，把文革之怪現狀寫成小說《尹縣長》，獲首屆吳三連文藝獎。或許因為蔣經國也待過蘇聯勞改營，或許因為統戰的考量，他推薦國人讀這本《尹縣長》。

一九八〇年一月，四十二歲的陳若曦回到睽違十八年的臺灣，帶著三十幾名旅美華人知識分子的連署信求見蔣經國。蔣彥士安排，吳三連陪同，她進了總統府。蔣經國看了連署信，只打了一句官腔：「一切會依法行事。」

陳若曦情急之下，說：「回臺灣，搭計程車，司機都不敢講話，人心惶惶，臺灣人很害怕這是第二次二二八事件。」陳若曦形容蔣經國聽到「二二八」三個字時，愣了一下，臉色很難看。蔣問：「如果不是叛亂，是什麼？」陳若曦脫口而出：「那是嚴重的交通事故。」

陳若曦繼續說：「那是警方過度反應，先行鎮壓，才引發民眾的反抗。未暴先鎮，鎮而後暴。」陳若曦以「政治素人」兼「女士」的方式說：「美麗島的事情，在我們看來不是什麼叛亂，你是不是打打屁股就好了？我回來以前，大家都跟我講，蔣經國是個殺人魔王；可是我今天一看你，滿臉慈祥，我有信心，你不像殺人魔王，是個很慈祥的長者。」

確定公開審判

第一次「陳蔣會」結束，陳若曦南下拜訪作家楊青矗的家屬。途中，蔣彥士來電，說蔣總統希望能再見一次陳女士。第二次陳蔣會，蔣經國對她說，他讀了連署信，很重視大家的意見，他承諾高雄事件會「依法處理」，又說：「我保證這個審判一定是公開的；我保證這個審判一定是公平的。」

《紐約時報》撰稿人殷允芃（後創辦《天下》雜誌）得悉此事，立刻發出特稿，標題是「Taiwan is Planning Open Trials Soon for Dissidents」（臺灣當局打算盡快公開審判異議人士）。當時，警備總部發言人還不知道要改採「公開審判」。殷並提到，對本案嫌犯中未涉叛亂罪者，當局將改為司法審判。

梁肅戎的回憶錄寫道，大逮捕後，他「曾建議蔣經國不要用軍法審判，因為憲法規定，非軍人不受軍事審判」。為此兩人起衝突。梁說：「經國先生的腦筋裡沒有這種思考。」

白色恐怖時期，叛亂案是百分之百不公開的軍事審判。蔣經國做出「公開審判」和「縮小軍法審判範圍」的重大讓步，也許是海外救援力量的施壓和華府的交易，也許是陳若曦和海外華人的仗義直言，也許是二二八的效應。總之，海內外多方力量匯集，促成史無前例的公開審判。這場審判，無論形式、內容、意義，作用、深度、廣度，都是臺灣史上的世紀大審判。

辯護策略沙盤推演

二月二十日，黃信介、施明德、姚嘉文、張俊宏、林義雄、呂秀蓮、陳菊、林弘宣等八人被軍法起訴。當天立即召開祕密調查庭，未通知律師到場。警總軍法處威權心態如昔，律師閱卷時不准影印，必須逐字抄錄。辯護律師團被迫組織抄錄隊，花了十幾天才把所有筆錄抄完。

姚嘉文第一次和辯護律師蘇貞昌會面時，已經與世隔絕兩個多月。他告訴蘇：「這不是在審判我，這是在審判黨外。」又對探監的獨生女、小學生姚雨靜說：「不要為爸爸哭，不要為私人的問題哭，要為臺灣哭。」這兩段話，為往後的辯護定了基調。

蘇貞昌說，閱卷時，每個人的筆錄都厚厚一大疊。第一頁問：「你有沒有叛亂？」每個人都說：「沒有。」中間空白四十天，最後筆錄、自白書都承認叛亂。蘇說，可見期間受到多少折磨和逼供。

當局打算速審速結。二月二十日起訴，三月十八日開庭，辯護律師只剩不到一個月的準備時間。卷帙浩繁又要沙盤推演，壓力非同小可。

二月二十八日，林義雄下獄第七十七天，林太太方素敏赴軍事法庭參加第一次調查庭。同一天，林家發生慘絕人寰的滅門血案。林義雄的母親林游阿妹和雙胞胎女兒亭均、亮均，在光天化日之下，特務日夜監視的住宅之內，被刺身亡，大女兒奐均則被刺重傷送醫搶救中。痛上加慟，臺灣社會陷入深深的悲痛和恐懼。當天深夜，林義雄交保，眾友人陪伴在側，但不知如何開口向他說明為何能交保出獄。林義雄的好友兼辯護律師江鵬堅日後回憶：「如果不是奐均奇蹟似死裡逃生，我確實憂心林義雄夫婦會相約自殺或者憂心成瘋。」

哀痛中，眾人忍悲繼續準備法庭對抗。尤清說，接受委任後，每天晚上大家在陳繼盛律師事務所開會，分工討論，研究《軍事審判法》、《刑事訴訟法》等。鄭勝助提出「積分制」看法：執政者有一本黨外人士的「積分簿」，積分夠了就抓。例如邱奕彬，根本沒去高雄，有何違法？抓與不抓，不在於有沒有參加人權日活動，而是根據「積分」。鄭勝助認定，這是人為加工的假案，目的在消滅黨外。

關於辯護策略，謝長廷提出「事件辯護」和「當事人辯護」兩個層次。若是當事人辯護，只為自己的當事人撇清，可能會造成當事人之間的矛盾；若是事件辯護，確定這是民主運動，不是叛亂事件，被告之間就沒有矛盾。黃信介的律師鄭慶隆說：「表面上，每個律師是為自己的被告辯護；其實，我們是替八名被告辯護。」

辯護策略又分兩個層面：政治辯護和法律辯護。法律辯護本是律師的專長，美麗島案用軍法起訴，法律面漏洞百出，法律辯護游刃有餘。但本案又是明顯的政治案件，法律辯護的效果有限。

至於政治辯護，律師團的策略，在強調被告是為了民主改革而奮鬥，被告沒有「叛亂」卻要被「亂判」。此外，不只要為被告辯護，還要宣揚被告的政治理念，這是政治辯護的著力處。

律師扛起法律辯護和政治辯護，但滔滔雄辯的，是當事人在法庭內外的表現。美麗島被告中，施明德最有可能被判死刑。偵訊二十幾天後，即移送警總軍法處的死囚房。他開始寫「政治遺囑」，洋洋四萬多字，交代後繼者注意事項。原本要做為最後陳述在庭上宣讀，後來得知發生林宅血案，驚慟之餘，放棄陳述，向庭上求處死刑。

軍法大審

一九八〇年三月十八日起，為期九天的美麗島案軍事審判，是改變許多人命運的九天，也是扭轉臺灣方向的九天。審判長是中校軍法官劉岳平，和四名審判官：傅國光、楊俊雄、徐文開、郭同奇；控方主任檢察官是中校蔡籐雄，軍事檢察官是少尉預官林輝煌。八名被告由十六位律師辯護。

當局開放媒體採訪，國際人權組織派員旁聽；沈君山教授、丁懋松律師、殷允芃女士代表社會人士列席。報紙幾乎全文刊登現場攻防言詞內容。沈君山每天向蔣經國簡報過程，蔣經國又詢問《中國時報》老闆余紀忠、《聯合報》老闆王惕吾等人的意見，也看了開庭的錄影帶。

軍事法庭氣氛肅殺，憲兵一字排開。當局打算透過酷刑嚴訊，讓八名被告卑躬屈膝俯首認罪求饒，藉由媒體傳播和法庭重判，警告臺灣人。

八名被告經過長期的刑求和隔離，身心被摧殘殆盡。律師們決定振奮鬥志，在被告面前以身作則，挑戰檢察官，挑戰軍事審判，挑戰戒嚴體制。

張俊雄認為：「這個案子，已經不可能無罪判決。那麼，讓人民瞭解、認同他們的政治主張，我們就贏了。」高瑞錚說，一切努力是為歷史做見證。軍事法庭審判被告，歷史也在審判軍事法庭。

律師們建立共識，不在《刑事訴訟法》或《軍事審判法》的層面辯護，而是提升到憲法層面。因為軍事審判所憑據的，正是國民黨長期的「非法戒嚴」和架空憲法的「非常體制」。若不直搗體制，辯護只是隔靴搔癢。

一開庭，律師團就直接質疑軍事法庭的審判權；其次，挑戰戒嚴令的合法性；第三，強調不應由警總層次的法庭來審判，應由高等法院來審判。律師團除了質疑自白書的任意性，也要求傳訊三十幾名證人，要求到高雄現場履勘。軍事法庭都拒不採納。

被告方面，呂秀蓮回憶說，先前得知「二條一」起訴，心想完了，唯一死刑。但看到辯護律師的優秀表現，得到很大的鼓舞。她在庭上率先說明被刑求逼供，其他被告也逐一翻供。

「公開審判前，我們的資訊非常少，但從沒有放棄希望。」張俊宏說：「我已了悟：無罪是不可能的，自我入罪以免其刑，也是不可能的。那麼，就大膽地把想說的真話都說出來。」最後陳述時，他說：「我對理想執著，但對現實則悲觀保守，十年來像烏鴉一樣講了許多話，都是基於此種心態……臺灣要走真正民主化的道路，還有一段距離，需要有人犧牲，但願我們是最後的一批。」

美麗島事件中以「涉嫌叛亂」遭軍法審判的共有八人。左頁左上起順時鐘方向，黃信介、施明德、陳菊、呂秀蓮。右頁左上起順時鐘方向，姚嘉文、張俊宏、林弘宣。（周嘉華攝）

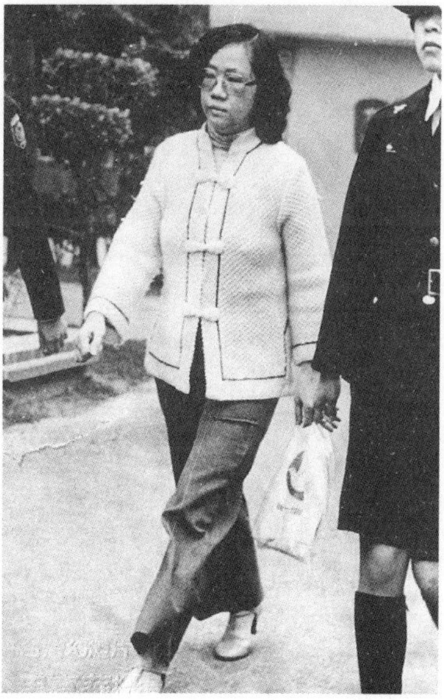

施明德陳述兩個重點。第一，長期從事反對運動，心中都有一個沉重的負擔，不可因為批判國民黨，而讓共產黨有藉口占領臺灣；民主化慢一點沒關係，但若是讓中國來占領，就什麼機會都沒有了。第二，臺灣應該獨立，且事實上臺灣已經獨立三十年了，即中華民國模式的臺灣獨立。

林義雄的最後陳述，引英國哲學家羅素的話：「我隱隱地看到一個充滿喜樂的世界，在那裡心靈得以擴展，希望無窮；任何高貴的行為，都不會被曲解為企圖達到卑鄙目的的手段。」他說：「我喜歡這句話，因為我從政的目的就在追求這樣一個喜樂的世界。」

沈君山在旁聽席九天，他說：「施明德講合法顛覆政府，侃侃而談，一大套理論。也許當時他想反正死定了，根本置生死於度外。」

殷允芃說：「最慷慨激昂的是陳菊。她很大器，很誠實。在所有講話的人當中，我感覺她最像秋瑾，豁出去了，好像要跟大家告別。」

透過報紙的全文登載，律師團和被告對民主的理想、對人權的主張、對自由的堅持，以及對臺灣前途的願景，首次高分貝的，不被遮掩的，傳達給這塊土地的所有人民。臺灣民主運動所有重要的主張，都在法庭上一一陳述。軍事法庭儼然成為黨外政見的國家級發表會。

透過這場大審，許多人第一次認識他們原先誤解、不解的黨外，許多人第一次見識民主人權的價值，更有許多人心頭翻攪著對臺灣的愛痛與傷悲。在臺灣民主運動史上，這是一場震撼教育，引爆的能量將在一九八〇年代源源不斷的釋放。

四月十八日，軍法大審宣判。八人都以「二條一」判處重刑，但都死裡逃生。其中，施明德判無期徒刑，黃信介判十四年有期徒刑，其餘六人判十二年有期徒刑。

五月三十日，本案覆判定讞，維持原判。覆判聲請書是律師團集體心智的結晶，高瑞錚負責撰寫。高瑞錚說，聲請書如今來看，很有歷史價值，一種里程碑的意涵，美國國務院有翻譯和存檔。

司法審判

軍法審判結束後，三月三十一日，移撥到司法審判的三十七名被告，蘇慶黎、范巽綠等四人獲不起訴處分，其餘三十三人被起訴。罪名是暴行脅迫、妨害公務、公共危險等。相對於軍法審判的恐怖肅殺，司法審判的氣氛明顯緩和，判刑也較輕。

軍法大審律師團的尤清、謝長廷、蘇貞昌、江鵬堅、郭吉仁、李勝雄、呂傳勝、鄭勝助、高瑞錚，繼續為司法被告辯護；另外又加入洪貴參、林明華、吳誠修、林勤綱、李聖隆、丁俊文、郭惠吉、陳錦隆、陳紹淇、林昇格、黃德財、李達夫等十二名律師，和公設辯護人王源昆。

司法大審的辯護重點，在於被告有沒有用暴力妨害秩序。審判過程比軍事法庭重視程序正義，也傳憲兵來訊問。

被告吳振明當庭把血褲拿出來，證明他如何被刑求到下體流血。他只是圍觀的計程車司機而已，卻被判了三年。李勝雄說：「司法審判時被告都非常激憤，很多人開罵，罵三字經，罵法官。」

尤清還記得，被告陳福來的父親在高雄賣蚵仔麵線，一邊流淚一邊對他說：「我這個兒子沒有用，不過我覺得很高興，因為他跟國民黨對抗，我生這個兒子就甘願了。」

藏匿施明德案

五月十六日，案外案「藏匿施明德案」開庭。律師團由李勝雄、張政雄、張俊雄、尤清、金輔政、洪貴參六人組成。十名被告中，高俊明是典型的「積分制」受難者，判刑最重。他在最後陳述一肩扛起責任：

一九八〇年美麗島事件司法審判審理終結，共有魏廷朝、邱茂男、周平德、王拓、紀萬生、楊青矗、張富忠、陳忠信、邱垂貞、陳博文等三十人被判刑。（周嘉華攝）

……我是出自信仰良心幫助施明德，而施瑞雲和林文珍院長受我連累，她們倆的刑罰由我負責，請法庭讓她們馬上離開。至於張溫鷹、許晴富我完全不認識，其他人我也不熟；但他們在如此困難的情況下，沒有出賣施明德，這種勇氣和愛心，深深感動了我。所以，這些人的刑罰，我仍樂意負擔。我願付出我的生命和財產，來負起其他九個人的刑罰。

本案引起國際注目。梵蒂岡教宗派員面見國民黨當局，表達關切；教會組織「普世教會協會」（WCC）祕書長白逸文（Dr. Edmond Perret）來臺瞭解案情；國外人權組織呼籲正視高牧師的被囚。由於國際施壓，本案雖以軍法審判，卻只有司法判決的刑度。因為本案所用的主要法條《懲治叛亂條例》的藏匿叛徒罪來看，在此之前的案件，量刑最低十年，最高死刑。

判刑之外，國民黨仍繼續施壓，要求高俊明辭去長老教會總會總幹事之職。但總會不畏威脅，決議為他保留總幹事職位，直到獲釋為止。教會發起全臺禁食祈禱會，在高俊明坐牢期間，每次總會開會，都把那張空空的總幹事座椅，高置臺上，等候他的歸來。

美麗島案與相關案件的判決

美麗島案（軍法審判，八人）		
施明德／無期徒刑	黃信介／十四年	呂秀蓮／十二年
陳　菊／十二年	張俊宏／十二年	姚嘉文／十二年
林義雄／十二年	林弘宣／十二年	

美麗島案（司法審判，三十三人，有*者表緩刑）		
周平德／六年	王　拓／六年	魏廷朝／六年
邱茂男／六年	蔡有全／五年	楊青矗／四年二個月
范政祐／四年	紀萬生／四年	邱垂貞／四年
余阿興／四年	陳忠信／四年	張富忠／四年
陳博文／三年六個月	劉華明／三年二個月	許天賢／三年
吳文賢／三年	吳振明／三年	戴振耀／三年
蔡垂和／三年	傅耀坤／二年	蘇振祥／一年六個月
洪裕發／一年六個月*	潘來長／一年二個月	李長宗／一年二個月
陳慶智／十個月	王滿慶／十個月	陳福來／十個月

李明憲／十個月	許淇潭／九個月	蔡精文／九個月
鄭官明／無罪	劉泰和／無罪	邱明強／無罪
藏匿施明德案（軍法審判，十人，有*者表緩刑）		
高俊明／七年	許晴富／七年	林文珍／五年
吳文／二年	張溫鷹／二年	林樹枝／二年
趙振貳／二年*	黃昭輝／二年*	施瑞雲／二年*
許江金櫻／二年*		
鼓山事件（司法審判，兩人）		
姚國建／三年	邱勝雄／二年六月	

第九章

血雨腥風

有人從橋上跳下來。

那姿勢凌亂而僵直，恰似電影中道具般的身軀，突然，在空中，停格了1／2秒，然後才緩緩下降。原來，他被從水面反彈回來的自己在縱身時所發出的那一聲淒厲的叫喊托了一下，因而在落水時也只有淒楚一響。

——商禽，〈音速——悼王迎先〉

鷹派當道

一九八〇年代以美麗島大審揭開序幕，國內外情勢更加密切牽動。一九七九年下半，美國卡特政府接連遭遇重大外交衝擊：在尼加拉瓜，「桑定人民解放陣線」推翻美國扶植的蘇慕薩政權；在伊朗，激進學生占領美國大使館，挾持六十六名人質；在阿富汗，則是蘇聯入侵。

卡特政府疲於應付，再加上國內的高通膨、高失業率，內外交逼。一九八〇年底，卡特連任失敗，共和黨雷根當選總統。國民黨歡欣鼓舞。因為雷根積極反共，比較支持臺灣／國民黨，而非中國；他不強調人權外交，不太介意國民黨在臺灣迫害人權。他譴責蘇聯是「邪惡帝國」，不惜升高冷戰情勢。

國際情勢如此，從一九七九年秋，到一九八四年江南案為止，國民黨政府放手鎮壓，好整以暇地製造血案，查禁黨外雜誌，羅織政治案件。這五年，是命案接連命案、事件接連事件的五年。

一九七九年十二月十日高雄事件發生後，輿論一面倒。民間社團、學校師生、演藝人員、旅美華僑等紛紛動員：慰問受傷憲警、發表聲明譴責黨外、呼籲政府從嚴懲處。臺北市各界甚至組「致敬團」，向警備總部致敬。

黨外如過街老鼠，彷彿誰都可以踹上一腳。十二月十二日，「全國文藝界人士」在國軍文藝活動中心舉行「聲討暴亂分子大會」。隔年美麗島案宣判後，有「八百餘位大專院校教授」聯名投書，嚴譴「蓄意分割大陸和臺灣數典忘祖的叛國行為」，稱黃信介等人誤入歧途，假藉民主，破壞法律。

美麗島案判決後，政大新聞研究所針對「各階層代表性人士」一千六百餘人進行民意調查。八四％認為關於美麗島事件，美麗島人士應負全責或大部分責任；九四％認為政府逮捕審訊肇事分子「極適當」或「適當」；八九％認為戒嚴法對日常生活與自由權利，「無任何影響」或「毫無影響」。

國民黨鷹派行事更加肆無忌憚，「劉少康辦公室」權傾一時，為所欲為。該「辦公室」是總政治作戰部主任王昇於一九七九年一月成立的，成員來自國家安全局、外交部、新聞局、國民黨文工會，橫跨黨、政、軍、特、藝文媒體。聲勢最盛時，被喻為國民黨的「太上中常會」或「地下行政院」，黨羽眾多，一呼百應，有意無意營造「王昇接班」的態勢。李登輝在《見證臺灣》一書中提到：「王昇會擁有那麼多權力，是因為蔣經國信任他，一切都靠他，事情都是他在處理。他好像蘇聯共產黨的組織，大家都怕他。」

王昇，一九一七年生，江西人，陸軍官校十六期，從蔣經國的贛南時期，就隨侍在側。來臺後，王昇、李煥成為小蔣的左右手。李煥，一九一七年生，漢口市人，上海復旦大學法律系畢業。小蔣順利接班後，政戰系統交給王昇，黨團（救國團）系統交給李煥。一九七七年，李煥因中壢事件下臺，王昇獨大。

作家尉天驄在《回首我們的時代》書中，轉述逯耀東的回憶：「當王曉波幾個傢伙因臺大的民族主義座談會事件被列為異己分子時，很多人不敢去理會他們，他們就只好夜晚到我家喝酒。他那時沒有收入，我就把他一篇純粹的學術文章拿去發表。結果遭到質問。我說：再怎麼樣總得讓他吃飯，買包菸抽吧！誰知一位被奉為上將的王姓人物，面孔一沉，竟然說：王曉波要吃飯，叫他跪下來申請！」「叫他跪下來申請」的年代，遠早於劉少康辦公室，這位「被奉為上將」的人物，正是王昇。

一九七九年十二月大逮捕時，舉國上下挺憲警、打黨外的聲浪中，「名政論家」丁中江的表現，特別搶眼。十二月十三日，他在臺視《新聞評論》節目中大罵美麗島分子，並說臺視接到恐嚇電話，要求不得播出他的評論，否則將對他全家不利。他說，他願意效法吳鳳，自己送上門去給他們殺，換取他們的覺醒。

節目結束，這位「現代吳鳳」向觀眾訣別：「我不能向您說下週再見了，因為下週我也許不能再和您見面。」《聯合報》報導，節目播出後，觀眾「廣泛而熱烈」回應，除了向丁中江致敬，並表示願意和他一起「赴難」。

兩個月後，滅門血案發生。不是發生在「現代吳鳳」的家，而是發生在被「現代吳鳳」嚴厲譴責的美麗島人士——林義雄的家。

林宅滅門血案

一九八〇年二月二十八日，林義雄的妻子方素敏赴警總軍法處參加第一次調查庭。林義雄的母親、六十歲的林游阿妹中午前外出幫傭，八歲的奐均從幸安國小放學回家，六歲的雙胞胎亮均、亭均在家，等著下午去幼稚園。

中午，方素敏從軍法處打電話回家，幾次都沒人接。她心急如焚，要林義雄的祕書田秋堇回家看看。

林宅周遭，如同其他美麗島人士的家，特務每天二十四小時盯梢。林奐均追述，當天十二點十分左右她回到家，按門鈴，沒人開；以往都是雙胞胎妹妹嘻嘻鬧鬧來開門，今天卻沒人應。她坐在臺階上等候，不知過了多久，有人開門，是「一個高高瘦瘦、大約三十多歲，穿著黑夾克，臉寬寬黑黑，眉毛粗粗濃濃的陌生男人」。

奐均並未疑心，逕自走進屋內。沒想到，那人竟拿刀往她刺過來。她出於本能側了身，書包擋住第一刀。驚慌中，她大聲嚎哭往桌下躲，殺手朝她繼續砍。就在此時，她聽到阿嬤開門進來的聲音，凶手順手抄了一條棉被蓋住她，向阿嬤走去……

田秋堇兩點以前抵達林家，家裡靜悄悄。她走進臥房，發現奐均蜷曲著，低聲喊痛。秋堇看到奐均受傷，非常驚駭，立刻打電話給父親田朝明醫師，並打一一九叫救護車，把奐均送往臺北市仁愛醫院急救。

根據警方紀錄，田秋堇報案時間是下午兩點十分。《八十年代》雜誌社接獲田朝明通知，林濁水、康文雄、司馬文武和林世煜先後趕到。林濁水在地下室樓梯盡頭發現林游阿妹的屍體，事後驗屍報告寫道：「林游阿妹，身中十三刀，致命在頸部一刀，長約二點六公分……」

地下室電燈壞了，墨黑黑的，眾人看不清楚只好上樓，到幼稚園尋找雙胞胎的行

昔日的林義雄先生全家福。阿嬤林游阿妹與雙胞胎亮均、亭均被害，長女奐均身中六刀重傷，至今仍未破案。（陳菊提供）

蹤。幾小時後，才發現亮均、亭均躺在地下室儲藏室門後。警方請林義雄另一名祕書蕭裕珍下去辨認。蕭裕珍追憶：「我走過去看，一個嘴巴張開，一個眼睛張開，兩個人就像破娃娃被丟在地上，小小的兩個小孩……」

林奐均和死神拔河，根據柯賢忠院長〈仁愛醫院救治林奐均經過〉所述：「當時病情危急，臉色蒼白，血壓低，呼吸急促，背後傷口五處，左前胸口一處。經外科醫師陳石泉診斷，可能傷及內臟。」

警總懸賞兩百萬元緝兇

林宅血案似有預謀・歹徒用心極為險惡

兇殺案情轉變

林奐均病榻告乃父「我不認識那個人」

父女談話內容已作成錄音

老母幼女慘遭橫禍 林義雄痛不欲生

基於安全考慮 殯儀館內停屍 謝絕進入探望

林宅滅門血案隔日的新聞報導

血案發生時，正值美麗島案偵訊階段。當局藉由扣留精神異常男子何火成，和「保護」（準軟禁）林義雄的外籍友人家博（Bruce Jacobs），企圖誤導民眾相信這是意外事件或國外陰謀。

家博是美國公民，澳洲拉特博大學（La Trobe University）教授。澳洲國會致函臺灣外交部表達關切，美國國務院評論這是臺灣當局「有意製造證據，誣陷家博」。臺灣五十四名立委聯名，抗議美方干涉內政和司法獨立。美澳施壓下，國民黨政府在四月解除對家博的「保護」，讓他離境。

林宅滅門血案至今仍是懸案，民間咸認是國民黨鷹派所為。當時林宅有特務全天候監視，任何人出入，特務都看在眼裡。警方辦案，東拉西扯卻獨獨放過現成的目擊證人。

至於謀殺的動機，一般推測，國民黨鷹派本欲藉美麗島案下重手，一勞永逸。因國際壓力，蔣經國讓步。他們心有不甘，遂找家屬開刀，命案選在「二二八」這個敏感日期，對臺灣人而言，充滿強烈警告意味。

姚嘉文的女兒姚雨靜回憶那段日子，她說，爸爸被捉了，老師在教室公開罵她爸爸，在同學面前羞辱她。林宅血案發生後，長老教會擔心她也會慘遭不測，發動教會人士「窩藏」她，姚雨靜宛如臺語老歌〈舊皮箱的流浪兒〉，輪流住到不認識的叔伯阿姨家。

陳文成命案

林宅血案的傷痛猶在，一年半後又發生震驚海內外的陳文成命案。陳文成，一九五〇年生於臺北林口。從小家境清苦，從建國中學到臺灣大學數學系，學業優異，個性爽朗，愛好運動，同學暱稱他「大牌」。臺大數學系教授楊維哲說：「不熟悉的人覺得他隨便，吊兒啷噹；其實他只是豪爽、率直，絕不扭捏作態。」

陳文成一九七五年赴美國留學，一九七八年獲密西根大學博士學位，發表了幾篇頗受重視的論文，獲聘為卡內基美隆大學統計系助理教授，遷居匹茲堡。

他熱心公共事務，在密西根大學期間參與《安娜堡鄉訊》。時值臺灣鄉土文學論戰，他每期介紹一名臺灣鄉土作家及其作品。到匹茲堡後，《美麗島》雜誌即將創刊，他號召全美同鄉會捐款，毫不畏懼的，以他個人的名義匯款給施明德，並託人把雜誌的文章翻成英文。四個月後，國民黨大逮捕，陳文成去紐約參加抗議遊行，並公開焚燒蔣經國芻像。

他性格磊落，凡事站在明處。這一切，都被國民黨職業學生寫了報告上交。一九八一年五月二十日，陳文成與妻子陳素貞、未滿週歲的兒子翰傑返鄉。他和家人團聚、拜訪師長同學、應邀學術演講、環島旅行，與舊識新友縱論時事。六月底，要返美參加學術研討

陳文成夫婦與兒子翰傑（陳文成基金會）

會，但出境證一直下不來。七月二日上午八點，三名警總人員手持約談傳票來到陳家，當著妻兒面，帶走陳文成。陳素貞非常緊張，親友也協助尋找下落，毫無消息。

次日清晨，陳文成的屍體被人發現落置在臺灣大學研究生圖書館後側地面。皮帶繫在襯衫外的胸前，身旁的鞋子裡塞了一張百元紙鈔，這是俗稱的「腳尾錢」——劊子手行刑後，把錢塞在死者腳下，留給搬運屍體的人。

臺北地檢處檢察官陳春男與法醫高坤玉到現場相驗，初步相驗結果：陳文成右後背的肋骨折斷，似乎生前「遭受重擊」。

七月三日晚上，陳家人歷經刁難終於獲准看屍。父親陳庭茂、妻子陳素貞趕到殯儀館領屍，看見陳文成的手肘、手指都是刺洞，大腿瘀青，頭歪一邊，眼睛睜得大大的。陳庭茂幫他闔眼，輕觸臉頰，陳文成的血就從

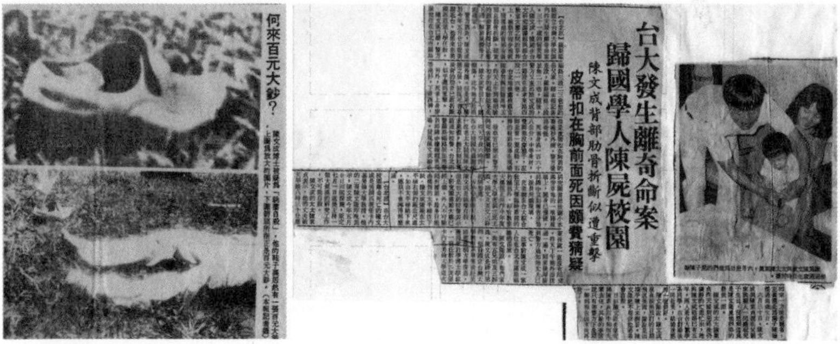
何來百元大鈔？

台大發生離奇命案
歸國學人陳屍校園
陳文成背部肋骨折斷似遭重擊
皮帶扣在胸前面死因頗費猜疑

陳文成命案新聞剪報。鞋子裡的百元鈔票疑是凶手留下的「腳尾錢」。（陳文成基金會）

嘴角流下來。

警總發言人徐梅鄰對命案的說詞前後不一。先是說當晚就送陳文成到公寓樓下，撇清警總的關係，接著又改口說他「畏罪自殺」。隨後，臺北市警察局長胡務熙也說，陳文成「幾乎可以肯定」係畏罪自殺。

「畏罪自殺」是特務的行話。在偵訊階段飽受刑求的林義雄，一九八〇年二月二十五日（林宅血案前三天）親筆寫下一份備忘錄：

……當時他們（警總偵訊人員）的話語當中，我印象深刻的還包括：「如果你不說，拿出證據來，每一樣都幾個人痛打你一頓，打死了就說你是畏罪自殺。」

本案出現一個可疑的證人鄧維祥，聲稱陳文成離開警總後去過他家。被警總約談過的人都認為絕無可能。陳鼓應以其親身經歷指出，警總約談後送當事人回家，依規定，一定找里長見證，驗明正身交人，才算手續完備，絕無可能只送到住家樓下。

父親的復仇

八月十四日，陳素貞帶著兒子，在陳文成二姐陳寶月陪同下返美。來程是返鄉慶團圓，回程是孤兒寡母，家破人亡。

相對於臺灣社會的沉默，七月中旬起，海外臺灣留學生已發出一波波怒吼，尤其是在美國。學生在休士頓大學抬棺抗議；卡內基美隆大學舉行追悼會並遊行示威；陳文成母校密西根大學舉行追悼會，南加州臺灣同鄉會一百多人在洛杉磯北美辦事處前，戴面具遊行……

美方也高度關注。七月三十日，眾議院外交委員會亞太小組舉行第一次聽證會，瞭解本案的經過和疑點；十月六日，舉行第二次聽證會，追究國民黨在美國從事校園間諜活動。這是導致陳文成被警總約談的直接原因。

卡內基美隆大學校長塞爾特博士（Richard M. Cyert）要求警總公布約談經過。他出席眾議院第一次聽證會，發表聲明：「我強烈相信陳博士是因為他的政治觀點被謀殺的。」他親自主持該校的陳文成追悼會，並宣布「在卡大從事密報活動是非法行為」。九月下旬，他促成統計系主任狄格魯教授（Morris DeGroot）和法醫魏契（Cyril Wecht）來臺調查。

狄格魯和魏契在臺三天，國民黨政府派人全程跟監。日後，魏契在記者會上說：「陳文成的死因，最可能是謀殺。」狄格魯和魏契寫了一份完整的報告〈臺灣的謀殺案〉（A Murder in Taiwan），刊登在《美國法醫暨病理學期刊》，塞爾特校長將之寄給蔣經國，附信呼籲停止「對學生具威脅性的間諜活動」。

本案再度呈現戒嚴對臺灣人權構成的重大迫害。在臺灣人公共事務會（FAPA；Formosan Association for Public Affairs）的遊說下，一九八二年五月二十日，美國眾議院亞太小組針對臺灣戒嚴法舉行聽證會。九月十六日，索拉茲議員（Stephen J. Solarz）向眾議院提出〈第五百九十一號決議案〉，呼籲臺灣當局解除戒嚴。此後多年，參眾兩院議員多次在國會發表聲明，呼籲國民黨政府廢除戒嚴，進行民主改革，尊重人權。

痛失愛子的陳庭茂，蒐集資料寫訴願書向各單位請

卡內基美隆大學統計系主任狄格魯教授（中）與法醫魏契（左二）來臺調查陳文成死因（陳文成基金會）

願，印成傳單分發給報社和關心本案的人。他巡迴美國演講，拜訪國會議員，募款成立陳文成基金會。他走上黨外之路，到選舉政見會站臺。

他說：「我在所有的政見臺上，都講同一個故事，那就是『阿成的故事』。阿成是最孝順的兒子，最體貼的丈夫，最有前途的青年學者，他不可能跳樓自殺。我說，阿成是被謀殺的，是被警總打死的。每次說到這裡，群眾就瘋狂鼓掌。這時我心裡就會暗念：阿成，看到沒，爸爸替你討一點公道回來了。」他穿上寫著「還我兒子」的白背心，到總統府前站立抗議，進行父親的復仇。

陳文成命案至今未破。一九九三年汪敬煦在回憶錄中，突然宣稱陳文成「死於情殺」，未曾舉證，形同二度謀殺。

王迎先命案

一九八二年四月十四日，一名男子戴安全帽和口罩，持槍闖入土地銀行臺北市古亭分行，大喊：「大家不要動！錢是國家的，命是自己的，我只要一千萬元，你們不要過來！」他槍傷銀行副理林延湖，跳上櫃檯洗劫，搶走五百三十萬餘元後逃逸。

這是臺灣治安史上第一件持槍搶劫銀行案，震驚社會。高層下令「限時破案」，警方懸賞兩百萬元破案獎金，電視不斷播出搶案過程錄影帶。民眾議論紛紛，茶餘飯後都在辦案。

五月七日，臺視晚間新聞率先播出「警方偵破土地銀行古亭分行搶案」新聞，並訪問到搶匪李師科，創下最高收視率五八．一％。李師科，一九二七年生，山東人，小學肄業，抗戰時隨部隊打游擊。戰後，輾轉隨國民黨部隊來臺；一九五九年退伍，開計程車維生。住陋巷內，三坪大的破屋，單身未娶，無親無故，如同許多老兵，是反攻政策的犧牲品。

李師科被捕後坦承：「看不慣社會上的許多暴發戶，經濟犯罪一再發生，所以早就想搶銀行。」他先是在一九八〇年一月，以土製手槍射殺教廷大使館服勤的警員李勝源，奪其警槍；再經兩年多的策畫，犯下這起銀行搶案。

五百多萬元的贓款，他把四百萬元包在牛皮紙袋裡寄放在友人家，要給友人兩歲的女兒當教育費，念書上大學。其餘的錢，他計劃出國旅行。友人疑心金錢來源，天人交戰後報警，李師科被捕。

就在李師科被捕前，計程車司機王迎先，因外型、口音、姿態，酷似銀行搶匪嫌犯，被女兒的男朋友檢舉。調查小組五月四日逮捕王迎先，刑事局肅竊組警官詹俊榮、警員謝文昌、洪福川、陳奕煌、周桐明五人，對王迎先非法拘禁、刑求逼供。三木之下，豈有勇夫，王迎先承認搶劫土地銀行。五月七日凌晨三時多，王迎先被警方押著，前去尋找犯案工具及贓款，在秀朗橋跳河自殺。肅竊組先是宣稱王迎先「畏罪自殺」，後來又改口說是「意外事件」。

一個鐘頭後，李師科落網，銀行搶案一案雙破，再度震驚社會。警方違反人權、嚴刑逼供的辦案陋習，引發公眾抨擊。日後，在社會壓力下，立法院通過修正《刑事訴訟法》第二十七條，規定被告得隨時選任辯護人，避免刑求逼供再度發生，被稱為「王迎先條款」。

作家李敖曾寫〈為老兵李師科喊話〉，傳誦一時。文中說，「他的方法是錯的，但他沒有更對的方法；他不會巧取呆帳，只會豪奪現款，用蒙面的豪奪，暴露他一點悲憤與抗議。他這種行為，難道還得不到被他保護多年的統治階級的憐憫嗎？但統治階級卻要把他『速審速決，明正典刑外，並應要求三家電視臺聯播行刑實況，以嚇阻歹徒效尤』了。這種現象，不是也太沒心肝了嗎？」文末說：「李師科不會死，因為千千萬萬的李師科還活著。」

從那時起，李敖被老兵視為代言人；老兵的心理問題和造成的社會問題，成為社會學家探討的課題。至今，金融機構規定顧客進門要「脫下安全帽和口罩」，也是始自李師科震撼。

江南命案

一九八四年十月十五日，住在美國加州的作家江南，被歹徒闖入自宅，槍殺於車庫。

江南本名劉宜良，一九三二年出生於江蘇，一九四九年隨國府來臺，就讀政戰學校，當記者多年。一九六七年江南赴美，任《臺灣日報》駐美特派員，撰寫《蔣經國傳》於僑界報紙連載，並準備撰寫《吳國楨傳》。國民黨屢屢派人威脅利誘，要他修改蔣傳，停寫吳傳。江南命案發生，熟悉內情之人立刻聯想到政治謀殺。江南的遺孀崔蓉芝堅持，謀殺案與蔣經國有關，是蔣經國的兒子蔣孝武指使情治人員派人殺害。

十一月十二日，國安局展開「一清專案」，全面逮捕幫派黑道分子，落網的竹聯幫幫主陳啟禮主動承認是江南命案的兇手。陳啟禮說，他受情報局長汪希苓任命，率竹聯幫眾董桂森、吳敦，越洋行刺江南。陳啟禮為了自保，錄下一捲保命錄音帶，清楚交代奉命殺人的來龍去脈。

情報局的前身是保密局，屬於軍統，一九五〇年代負責獵捕政治犯，是惡名昭彰的特務機構。根據陳啟禮的保命錄音帶，情報局長汪希苓、副局長陳儀敏、第三處副處長陳虎門指派陳啟禮等竹聯幫分子，赴美國領土行刺美國公民。

國府的官方說法是：「此乃情報局長汪希苓個人行為，與政府無關。」崔蓉芝不接受這種說法，具狀控告中華民國政府。

繼陳文成命案之後，國民黨政府的惡行，再度喧騰國際。江南命案這樁跨國政治謀殺事件，事涉蔣孝武、臺灣情治高層和黑道幫派分子。美國主流媒體如《紐約時報》、《華盛頓郵報》、《洛杉磯時報》等，不斷報導分析江南命案。《紐約時報》甚至說此案使臺灣形象蒙羞。高收視率的CBS新聞節目《六十分鐘》也製作特別報導，數千萬美國人都知道國民黨政府與這件謀殺案，難逃干係。

蔣經國有嫡子孝文、孝武、孝勇。三兄弟充滿「家天下」的優越感，自幼慣於特權，目無法紀，囂張跋扈，民間長期流傳三人的惡形惡狀故事。長子孝文，因生活荒唐無度，早歲就得重病臥床，形同廢人；幼子孝勇，蠻橫驕縱，靠國民黨黨營事業攢錢。二子孝武，對政治最有企圖心。讀陸軍官校時，視校規如無物，視校長、教官如家奴，既不受教，又生活靡爛，終於被蔣介石送往德國讀書。小蔣接班後，蔣孝武有意循父親的掌權之路，抓緊特務系統。一九八二、八三年之間，因蔣經國病重，蔣孝武和王昇之爭白熱化，常有公開衝突。王昇自以為接班在望，不讓蔣孝武兄弟進劉少康辦公室。一九八三年五月，蔣經國突然下令裁撤劉少康辦公室，把王昇調離政工系統，改任聯訓部主任；九月，外放到南美洲的巴拉圭當大使，那兒是離中華民國最遠的地方。王昇以老病稱辭，蔣經國說：「抬也給我抬上飛機去！」

為了江南案，一九八五年一月二十日，蔣經國任命沈昌煥（總統府祕書長）、汪道淵（國家安全會議祕書長）、宋長志（國防部長）、郝柏村（參謀總長）和汪敬煦（國家安全局長）組成五人小組，與美國調查小組會商。蔣經國在內部會議中說：「中美斷交錯在美，吾人理直；而劉案理不直氣不壯，處理難上加難、痛上加痛、苦上加苦……」

其實，如果不因江南有美國籍；如果不是國安局長汪敬煦和情報局長汪希苓不和，前者意圖以一清專案為手段，以陳啟禮為餌，鬥垮汪希苓。如果不是種種戲劇化的因素，凶手主動站出來說真話——如果不是這樣，江南命案，必如同以前特務犯下的林宅滅門血案、陳文成命案，只有合理推論沒有直接證據，永遠破不了案。

一九九〇年，中華民國政府償付崔蓉芝一百四十五萬美元達成和解。這筆錢，和國民黨政府日後的二二八賠償金、白色恐怖補償金一樣，都從國庫撥款。換言之，國民黨特務教唆殺人，臺灣納稅人買單。

江南案發生時，離美國總統大選不到一個月。競選連任的雷根，發現他的盟友給他捅了大婁子。勝選後，雷根政府開始調整對臺政策。一個親美反共的民主政權，好過一個親美反共的獨裁政權，也更符合美國利益，雷根要求國民黨進行民主改革。

十信事件

江南命案沸沸揚揚，一九八五年二月又爆發十信事件。十信事件是國民黨政府來臺後最大的金融風暴，嚴重衝擊臺灣社會、經濟、政治各層面。

所謂十信，是指「臺北市第十信用合作社」，創立於日治時代。一九五七年改組，賣醬油起家的蔡萬春擔任理事主席。他推動「一元開戶」運動，募集民間儲蓄，成為臺灣規模最大的信用合作社，也成為蔡家國泰集團的聚寶盆。一九七九年，蔡萬春中風，事業交給兒子蔡辰男、蔡辰洲等人掌管。

蔡辰洲接任十信理事主席後，先是以商養政，養立法委員為他牛馬走；後來更上一層樓，乾脆自己當立委，政商合一。他拜王昇為義父，由王昇、蔣彥士介紹加入國民黨，經當年國民黨臺北市黨部主委關中提名，一九八三年當選增額立法委員。

挾著政治靠山和財勢，蔡辰洲在立法院組「十三兄弟」派系，成員包括劉松藩、王金平、洪玉欽、謝生富、李宗仁、李友吉、林聯輝、蔡勝邦、吳梓、蕭瑞徵等人。以來來大飯店（今喜來登飯店）十七樓俱樂部為基地，邀宴黨政財經要員；立委與官員常在來來大飯店洗三溫暖，水乳交融，毫不避嫌。一九八四年五月，十三兄弟聯手主導，立法院審議通過「銀行法修正案」。

蔡辰洲政商兩棲，意氣風發，併吞企業腳步愈來愈快。資金不足，就在旗下的國泰塑膠公司辦理「職工存款」，收了員工數十億存款，又以國塑員工為人頭向十信超額貸款。其實，早在關中打算提名蔡辰洲時，中央銀行已經接獲檢舉，指陳十信違法超貸情事。中央銀行總裁俞國華也向小蔣打報告，說萬萬不可提名蔡辰洲，「否則以後很麻煩」。但小蔣以勝選為考量，支持關中的提名策略。

一九八五年一月四日，中央銀行向十信實施專案調查，發現違法超貸情況嚴重，庫存現金不足。二月九日財政部查出十信帳目不實，放款總額達存款總額的一〇二%，遂以違規經營為由，勒令十信停業三天，弊案終於爆發。國塑員工爭先擠兌存款，國塑宣告破產；員工組自救會，到行政院、總統府請願。十信各分社儲蓄戶也瘋狂擠兌，十信周轉不靈，由合作金庫接管。國泰信託在短期內被擠兌一百五十億現金。

蔣經國大怒。戰後在上海整頓金融、打老虎慘敗的往事，是他的心頭痛。他下令嚴辦，蔡辰洲以票據法罪名被捕，判刑總計六百七十年，於坐牢期間病死。此案也使國民黨祕書長蔣彥士、臺北市黨部主委關中辭職，經濟部長徐立德、財政部長陸潤康雙雙下臺。

李亞蘋事件

李亞蘋，一九二三年出生於廣東梅縣。早年留學日本明治大學，來臺後曾任高雄市議員，和丈夫陳韜創辦高雄國際商工，一九八一年赴美創辦《國際日報》。

一九八五年九月李亞蘋返臺，警總以《國際日報》的言論，「迎合中共統戰陰謀，連續以文字為有利叛徒之宣傳」罪名，也就是叛亂罪，拘捕李亞蘋。

當時江南案仍持續發燒。江南有美國籍，因言論遇害；李亞蘋有美國籍，因言論被捕。一案接一案，國民黨政府迫害人權的狼藉聲名再添一筆。

幾天後，美國國務院發表強硬聲明，要求臺灣當局釋放李亞蘋，「不宜多所延擱」。九月二十六日，李亞蘋獲釋。

本案發生前後，在臺灣人公共事務會遊說下，美國參議院六月十一日通過「支持臺灣民主決議案」，表示：戒嚴阻撓臺灣民主進展，臺灣和平如要獲得保障，全民的政治參與是很重要的因素。八月十七日由雷根總統簽署成為美國法律，直接影響對臺政策，以專節形式列入一九八六年度的外交關係授權法案。十一月十八日，十多名眾議員也於眾議院提出文字相似的決議案。

在此之前，美國有眾議員索拉茲、參議員甘迺迪（Edward Moore "Ted" Kennedy）等國會議員為臺灣民主發聲，都止於個人行為。但這項「支持臺灣民主決議」已成為法律，蔣經國和國民黨不得不嚴肅面對。

面對國內外接踵而來的壓力，一九八五年八月十六日，蔣經國透過美國《時代》雜誌專訪，表示：「自己心在臺灣，已是臺灣人，總統依《中華民國憲法》選舉產生。」他說：「從沒有考量過由蔣家成員繼任總統。」十二月二十五日，他在行憲紀念大會發表講話，重申：「下任總統必依憲法產生。蔣家人既不能、也不會競選總統，中華民國也不會實施軍事統治。」

一九八六年二月十八日，長期部署、準備接班的蔣家第三代蔣孝武，被派任駐新加坡商務副代表，遠離權力核心。

第十章

黨外再起

人家說你是好漢
我就哭了
我寧願你
只是孩子的父親

你握緊民主的火把
要追求鄉土的光
他們卻說你
拿火要放

喪失了的，不僅是自由
喪失了的，不僅是母親
不僅是女兒
還傷害了
鄉土的信心與希望

——林雙不，〈盼望〉，代方素敏作

延續黨外香火

大坐牢家魏廷朝，因一九六四年的〈臺灣人民自救宣言〉、一九七一年的美新處和花旗銀行爆炸案，以及一九七九年的美麗島事件，三度下獄。魏的妻子張慶惠回憶，以前坐牢宛如瘟疫，親戚故舊街坊鄰居避之唯恐不及，怕被牽累；但因美麗島案坐牢，氣氛完全不同。她上菜市場買菜，屠戶菜販不收她錢，還拚命往菜籃塞食物。大家對她豎大拇指，說美麗島人士是一流人才，是愛國志士，「以後都要當部長的！」

一九八〇年十二月，國民黨政府恢復兩年前因美臺斷交叫停的中央民代選舉。美麗島受難家屬決定披掛上陣，以「延續黨外香火」為訴求。

姚嘉文的妻子周清玉在臺北市參選國大代表，找店面當競選總部，屋主都說，沒問題，免租金；次日就說不能租，因為警察來囉嗦。如是者三次，周清玉只好把競選總部設在自己家，公寓五樓。哪有人把競選總部設在五樓？時勢迫人如此。

公寓周遭滿布特務，隨時監視。不畏恐懼前來助陣的，是辯護律師謝長廷、江鵬堅、張政雄，鄭欽仁教授、蔡墩銘教授，以及青商會的會員、教會人士和姚嘉文的彰化鄉親。競選活動執行面，以年輕人為主，大家跪在地上寫白布條，累了就睡地板。蘇東啟的女兒蘇治芬，直截了當選臺語歌〈望你早歸〉當主題曲。政治大學政治所研究生林世煜當競選總幹事，臺灣大學歷史所研究生周婉窈、陳弱水寫文宣傳單，標題〈與我同行〉。簡單而直接的呼喚，引發共鳴，捲起旋風。周清玉說，她不是政治人，沒上過政見會，不知如何公開講話。她一開口講到「姚嘉文」三個字，就哽咽落淚，臺下民眾也跟著飲泣。政見會擠爆的程度，有時候連周清玉自己都進不去，也出不來。民眾拚命把錢往演講臺和宣傳車上丟，沿途都有人搶著和她握手，趁機把錢放到她手裡。士林政見會那場，有人注意到，群眾中有個老人家「哭得很悽慘」，仔細端詳，原來是吳三連。

十二月六日，周清玉以全國最高票，十五萬票當選國大代表。立法委員部分，康寧祥在臺北市連任成功，黃信介的弟弟黃天福在臺北市，黃煌雄在第一選區（臺北縣、宜蘭縣、基隆市）、張德銘在第二選區（桃園縣、新竹縣、苗栗縣）、張俊宏的妻子許榮淑在第三選區（臺中縣市、彰化縣、南投縣），黃余綉鸞在第五選區（高雄縣、屏東縣、澎湖縣），蘇秋鎮在高雄市，都當選立委。人民用選票力挺黨外、判決美麗島諸君無罪。這次選舉，辯護律師從法庭辯護走向助選，新生代勇於接棒，社會大眾熱情支持，確定了黨外香火未斷。

第一位黨外監委

二十一天後，一九八〇年十二月二十七日增額監察委員選舉。監委選舉採間接選舉制，由臺灣省議員和北、高兩市議員投票選出。由於選民特定，人數又少，向來賄賂公行，一張票的行情從數百萬到千萬元都有。

（監委一九九二年改為總統提名，國民大會同意；國民大會廢止後，交由立法院同意。）

美麗島辯護律師尤清，挾著世紀大審的光環和民間社會的聲望，參選監委，挑戰不可能的任務。此事是省議員周滄淵起的頭，他建議尤清參選。尤清只當他開玩笑，說：「郭雨新一生奉獻民主，監委選舉得零票，我何德何能？不要跟我講這些。」

周不死心，帶尤清南北拜訪省議員邱連輝、余陳月瑛、蔡介雄、傅文政。傅文政的父親傅添榮，曾在《自由中國》寫文章談組

第一位黨外監委尤清（左一），與黨外立委康寧祥（右四）、張德銘（右三）、黃煌雄（右二），以黨外四人行於一九八二年到美訪問。（尤清提供）

黨。尤清拿出舊雜誌給他看，才兩頁，傅添榮就淚流滿臉地說：「以前為了這個，差點被抓去打死。你們這些年輕人還敢為美麗島辯護，臺灣有希望了。」他對傅文政說：「你太太阿娃（省議員趙綉娃）那一票怎麼蓋，我沒權利管，你這一票一定要蓋尤清。」何春木原本已答應支持臺中市籍的林茂盛律師，幾經考慮，為了讓黨外順利產生第一位監委，允諾改投尤清。

投票前一天，余登發交代女兒黃余綉鸞、媳婦余陳月瑛，務必把答應投票的省議員——周滄淵、傅文政、何春木、邱連輝——帶去日月潭，租旅館藏身，投票前再帶出來。「不然，半夜國民黨就抓光、買光了。」邱連輝反對，他說：「威脅利誘這一關都過不了，臺灣人怎麼能出頭天？各人回去會館睡。」

果真，當夜就有警總的將軍帶著〇〇七手提箱，到省議會會館拜訪邱連輝。尤清在走道看到將軍怒氣沖沖離去，口中唸唸有詞：「他媽的，不要錢跟不要命的，我從來沒看過。」尤清問邱：「你們吵架嗎？為什麼他說不要錢不要命？」邱連輝說，那將軍撂下狠話威脅他：「你記住，美麗島還沒有結案！」

尤清形容：「我感覺他們不要錢也不要命，威脅利誘也沒路用。」尤清沒花半毛錢當選監委，震驚政壇，成為美談。三十八歲的尤清，進入監察院，與平均八十三歲的老監委，都是「第一任」監委。後來，國民黨因不願尤清連任，以杜絕賄選為由，把監委選舉從「單記法」改為「限制連記法」（可投票數為應選名額的二分之一），大黨通吃。此法被稱為「尤清條款」。

以勝選開疆闢土

一九八〇年十二月接連兩次勝選，對風雨飄搖的黨外運動鼓舞甚大。一九八一年地方選舉，黨外人士以黨外立委為主，輔以監委和國大代表，組成黨外推薦團，向各界推薦候選名單。共同的主題是「制衡」，並提出「民主要制衡．制衡靠黨外」、「民主．進步．制衡」的口號。結果，邱連輝、黃石城、陳定南分別當選屏東、彰化、宜蘭縣長。臺北市議會當選八名黨外市議員，除了王昆和、林文郎、徐

蘇貞昌、謝三升、游錫堃（右起）有省議會「黨外鐵三角」之名（游錫堃提供）

明德、陳勝宏、康水木等老將，謝長廷、陳水扁、林正杰以新人之姿高票當選，人稱「黨外三劍客」。省議會方面，六名黨外省議員周滄淵、陳金德、黃玉嬌、傅文政、蘇洪月嬌、蔡介雄都連任成功，又添了簡錦益、林清松、廖枝源、謝三升、余玲雅、陳啟吉、蘇貞昌、游錫堃，共十四席。蘇貞昌、游錫堃、謝三升有「黨外鐵三角」之名。高雄改制直轄市的第一屆市議員選舉，黨外也有洪壽美、許昆龍、蘇玉柱、高信雄四人當選。

作家孟絕子（本名孟祥柯）在美麗島事件前，寫有一祈禱文：「主啊，三十三年前，祢把兩個原子彈投在日本，把一個國民黨投在臺灣。經過三十三年來的親身體驗，我們請祢大發慈悲，廣施法力使時光倒流，把時間退回到三十三年以前。在那時候，我們寧願挨十個原子彈，但是千萬拜託，請祢把國民黨投在日本，去懲罰那萬惡的日本帝國主義軍閥。阿們！」這段話，使孟絕子成為八〇年代初期風靡政見會場的名嘴。大家都期待他上臺，用外省腔吟唸這段祈禱文。唸完，臺上臺下歡聲齊喊：「阿們！」

一九八三年增額立委選舉，黨外後援會的重要訴求是「住民自決」，推出共同口號「民主．自決．救臺灣」。十大共同政見第一條：「臺灣的前途，應由臺灣全體的住民共同決定。」被國民黨政府認為是臺獨意識，有「煽惑他人犯內亂或外患罪之嫌」，遭中央選委會刪除。

當年選舉的指標性人物是林義雄的妻子方素敏。一九八〇年二月二十八日，林宅滅門血案發生，林義雄交保，出獄處理後事。五月一日他在尋找墓地途中被捕，再度羈押移送軍法處，當局的藉口是「林義雄到處遊山玩水」。林義雄萬念俱灰，獄中絕食、絕語。江鵬堅苦苦相勸：「活下去是你的義務！你失去自由，但背負最大苦難的是你太太。她要照顧奐均和你。多少人關心你的處境。假如你以為可以一了百了，這種不負責任的做法，也枉費你是林義雄。」終究，林義雄接受「人不是為自己活下去」，但囑咐家人把全部法律書籍通通送人，從此不願再談法學。方素敏隨後帶奐均赴美。

一九八三年方素敏返臺，參選第一選區立法委員。那次選舉是淚海似的選舉，無數人奔赴政見會，聆聽、關切，為林家的遭遇哭，也為臺灣的命運哭。方素敏以十二萬票，全國最高票當選立委。此外，許信良的弟弟許國泰在第二選區當選立委。高俊明牧師的妻子高李麗珍，也在第四選區（雲林縣、嘉義縣、臺南縣市）參選立委。國民黨傾全力作票，高李麗珍以十七票之差落選。

美麗島辯護律師江鵬堅在臺北市參選，自期「一屆立委，終身黨外」，他的理由是：「在不合理的現狀未改善前，黨外民意代表擔任同種類公職，以一任為宜。選舉只是一種幹部訓練，公職重在培養新人，為新人才尋找出路。」張俊雄也在高雄市參選，這是辯護律師第一次參選立法委員。兩人雙雙當選，時稱「南張北江」。

國民黨方面，關中入主臺北市黨部。他首開先例，毫不避諱地提名財閥富豪如蔡辰洲、高忠信、洪文棟參選立委。金光閃閃的「金牛」登場，臺北市七席全上，大獲全勝，號稱「7 UP 七喜計畫」。隨後，蔡辰洲在立法院組「十三兄弟」，呼風喚雨。一年多後，十信案爆發，關中等人下臺。

當年立委選舉，最受議論的是康寧祥的落選。除了關中的金牛牌奏效，一般認為，黨外新生代不滿其參政風格太向國民黨妥協，黨外雜誌發動「批康事件」是其落選主因。

美麗島事件之後，幾乎年年有選舉。從縣市長、省市議員到增額立委選舉，從南到北都飄揚著「番薯不驚落土爛，只求枝葉代代湠」、「延續黨外香火」的口號。即使國民黨鷹派當道，然而在社會力護持下，受難家屬、辯護律師、新生代彼此扶助，參選助選，辦刊物，辦活動，為劫後的黨外勢力開疆闢土。但也因選舉恩怨，政治理念相異，領導風格有別，世代之間的衝突，互爭發言權、決策權，漸漸有了康系、非康系、前進系、新潮流系等派系之分。

民主聖地宜蘭

宜蘭縣長陳定南是其中的異數。陳定南，一九四三年生，出身宜蘭三星鄉農家，臺灣大學法律系畢業後在商界十四年。和許多人相彷彿，受美麗島事件和林宅血案的衝擊，人生起了大翻轉。他關切林義雄家人，主動幫臺大同學姚嘉文的妻子周清玉助選，踏入陌生的政治之路。

一九八一年他回宜蘭參選。黨外對縣長選舉毫無勝算，沒人要選；菜鳥陳定南接受推薦，出來當犧牲打，牽制選情。結果三十八歲的陳定南擊出漂亮的全壘打，當選第一位非國民黨籍的宜蘭縣長。

陳定南帶著一名機要祕書，進入五百多名員工的宜蘭縣政府，用企業管理精神領導縣政，用「魔鬼訓練營」原則改造員工。他的前瞻性規畫，為宜蘭往後三十年的發展奠定基礎。他堅守「三不」：不拿紅包，不炒地皮，不收回扣。以完美主義的性格，使宜蘭的公共工程品質成為全臺典範。

他帶頭反對臺塑六輕設廠，讓宜蘭免於重工業汙染；帶頭廢除「人二室」（國民黨派駐全國公、民營機構的特務單位，執行思想檢查，由調查局管轄），並規定電影院放映前不必播放國歌。他耿直狷介，清廉自守，有政治潔癖。「酷吏」、「硬漢」、「現代青天」，什麼封號都有。

他眼中只有宜蘭縣政，不太參加黨外活動，也不介入派系紛爭；除非公務，很少跨出縣境。兩任縣長任內，他整治冬山河，興建羅東、宜蘭兩大運動公園，在資源缺乏的宜蘭，排除萬難興利除弊，政績耀眼。民調顯示，全國第一名的縣長，年年都是陳定南。他說，要以「高品質的政治」，創造縣民的幸福。

陳定南的「宜蘭經驗」展現黨外的執政能力，也建立人民的信心。往後多年的大型選舉，全臺各地的遊覽車一車一車前往宜蘭參觀。繼一九七七年的「民主聖地桃園」，一九八一年以後是「民主聖地宜蘭」，從黨外到民進黨，連續主持縣政二十四年。

前仆後繼的黨外雜誌

美麗島事件大逮捕，黨外元氣大傷，但反彈的力道來得又快又強。最明顯的現象，反應在接連的勝選，和黨外雜誌的興榮。即使國民黨大力箝制言論，黨外雜誌仍像野地的草花，這裡壓扁了，那裡又開出來。

當時的黨外雜誌，老字號的是《八十年代》；新起的是黨外新生代和受難家屬、辯護律師合縱連橫所辦的雜誌。

新生代當中，林正杰是公認的「黨外長子」。他出身眷村，和周弘憲、邱義仁、田秋堇等人都是幫郭雨新發傳單後，伴著黨外民主運動長大的。美麗島事件時他當兵，退伍後立刻幫周清玉、許榮淑等人助選。選舉奏捷，他招兵買馬，創辦《進步》雜誌，自任社長，原《八十年代》編輯林濁水、林世煜分任總主筆和總編輯，編輯群有廖仁義、陳文茜等人。《進步》雜誌創刊號在印刷廠就被查扣，繼之停刊，堪稱黨外雜誌史上最短命的一本。

林正杰又找上黃石城合辦《深耕》雜誌。一九八二年二月《深耕》改組，許榮淑接手當老闆娘，林正杰為社長，總編輯是林世煜，謝長廷等八名臺北市黨外市議員當社務委員。許榮淑活動力強，不管編務，問政之餘順便招攬訂戶，全盛期訂戶破千。她說，那是個熱情感人的時代，雜誌銷路非常好，但常被查禁，造成財務損失。可是只要報紙刊出查禁消息，隔天就有人默默匯款入帳戶，以示支持。

那時還有「李敖現象」。李敖，一九三五年出生於哈爾濱，一九四九年隨父來臺，就讀臺灣大學歷史系、歷史研究所。他主編《文星》雜誌，是六〇年代的風雲人物。一九七一年因美新處，花旗銀行爆炸案的牽連下獄五年多，一九八一年又因蕭孟能案坐牢，隔年二月出獄。他重出江湖之作〈天下沒有白坐的黑牢〉，刊登在《深耕》雜誌，轟動一時。

出獄後，李敖仍遭國民黨打壓，被各大報封殺，需要另闢戰場；黨外雜誌則需要對抗國民黨的健筆；兩者魚幫水水幫魚，接連刊出膾炙人口的文章，〈為老兵李師科喊話〉即其中之一。《深耕》雜誌啟其端，《政治家》雜誌、《前進》雜誌跟進，都向李敖邀稿，日後鄭南榕創辦《自由時代》週刊，還請李敖當總監。

一九八三年，邱義仁從美國芝加哥大學回臺，他的歸來為黨外運動開啟一個新的面向。邱義仁，一九五〇年生，臺南人，臺灣大學哲學系、政治研究所畢業。經歷郭雨新「虎落平陽」的政治成人禮，從此走上反對運動。一九七七年，二十一名黨外省議員進入省議會，邱義仁擔任聯合助理，後來專任張俊宏和林義雄的助理，直至赴美留學。返臺後，和吳乃仁加入《深耕》雜誌。林正杰選上臺北市議員後，亟需自己的舞臺，再加上統獨意識日漸分化，已無法迴避，一九八三年離開《深耕》，創辦《前進》雜誌。

許榮淑自稱大度能容，她說：「黃信介在《美麗島》扮演的角色，就是我在《深耕》扮演的角色。」她對編輯部說，我是你們的帽子，我是你們的傀儡，你們儘管做，有事來報告就好。然而《深耕》雜誌批評康寧祥在立法院放棄杯葛警總預算，批評他是「康放水」，一連串的風波使許榮淑備受壓力。此外，勞資雙方對雜誌的定位，各人的懷抱和考量都各有不同，終於導致編輯部總辭。之後，邱義仁、吳乃仁等人成立《新潮流》，鄭南榕獨力辦《自由時代》雜誌。

蓬勃發展的黨外雜誌反映出政治光譜分散、運動路線多元、意識形態差異、政治利害複雜的局面。自一九七九年美麗島事件之後、至一九八八年報禁解除之前，黨外雜誌的流別左表所示。

一九八〇年代黨外雜誌要覽

雜誌名稱	系列雜誌＊	負責人	起訖	期數	停刊
八十年代	亞洲人、暖流	康寧祥（總編輯司馬文武）	1980.02（復刊）～1986.09	一六一期	六次
蓬萊島	鐘鼓樓、鐘鼓鑼、西北雨、東北風等	黃天福（總編輯李逸洋）	1980.09～1987.08	六十三期	七次
政治家	民主人、民主政治	鄧維楨、鄧維賢	1981.01～1987.11	一五六期	二次
深耕	生根、臺灣年代、臺灣廣場、伸根等	許榮淑	1981.06～1986.04	一三九期	七次
關懷		周清玉	1981.10～1993.05	一一〇期	零次
博觀	博觀叢書	尤宏、尤清（總編輯林濁水）	1982.09.01～1983.01	四期	一次

（續下頁）

前進	前進廣場、前進時代等	林正杰	1983.03～1988.11	一六二期	七次
自由時代	先鋒時代、開拓時代、民主時代等二十幾種	鄭南榕	1984.03～1989.11	三〇二期	四十二次
新潮流	新社會	吳乃仁、邱義仁	1984.06～未詳	超過百期	二次

資料來源：據彭琳淞〈黨外雜誌與臺灣民主運動〉一文製表，略做修正。

*「系列雜誌」一欄是指黨外雜誌在停刊後，原班人馬以新的雜誌名稱申請登記，繼續出刊，成為「系列」其實是變通之計。

早期黨外雜誌以月刊為主，隨著政治情勢瞬息萬變，轉型為半月刊。林正杰創辦週刊，之後黨外雜誌全面週刊化。鄭南榕曾企圖聯合黨外雜誌錯開發行日，形成每日一刊，突破國民黨的報禁。但各雜誌自有盤算，此議未成。

黨外雜誌百花齊放，國民黨不斷「查禁」和「停刊」。警總執行查禁政策，逕赴印刷廠、裝訂廠、書報攤，查扣沒收書刊。每沒收一本獎金五元，一星期沒收兩萬本，就有獎金十萬元。利字當頭，情治人員勤於查禁；到後來變本加厲，甚至在高速公路上武裝攔截車輛沒收雜誌。新聞局執行停刊政策，動輒停止發行一年。以一九八四年為例，五、六月間，以「違反基本國策，混淆視聽，影響民心志氣」為由，查禁二十二種雜誌，停刊三本，平均兩天查扣一本黨外雜誌。七月間，十一家黨外雜誌社出刊三十三本，遭查禁十八本，停刊三本。

「人人心中有個小警總」一語，描繪出那個時代，拿筆寫字的人被迫自我設限，揣摩言論尺度，遊走邊緣，以避免被查禁和停刊。其實，自我設限不一定有效，因為警總特務和新聞局官員，是拿著放大鏡、顯微鏡，甚或凹凸鏡在檢查的。

鄭南榕創辦《自由時代》週刊，以「備胎奇招」對抗新聞局的停刊手段。他找同志相挺，提供大學畢業證書申請雜誌執照，共十八張，確保一本停刊，就有另一本無縫接軌。《自由時代》自許「爭取百分之百的言論自由」，突破禁忌，幾乎每期被禁，無法公開陳

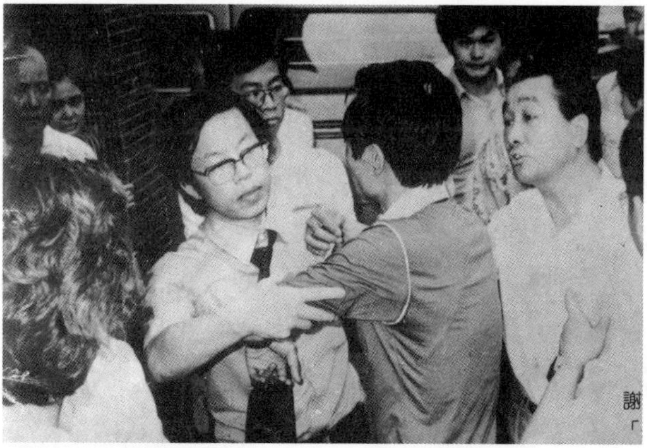

警總人員到印刷廠查扣雜誌，現場謝長廷（左二）、康寧祥（右一）與彼等爭執。（余岳叔攝）

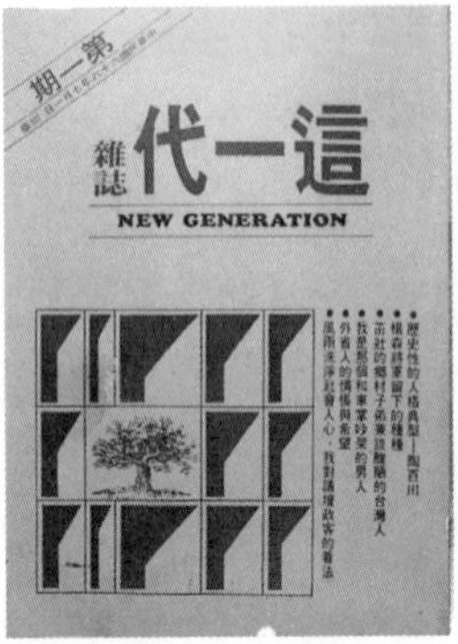

■一九七七年六月創刊

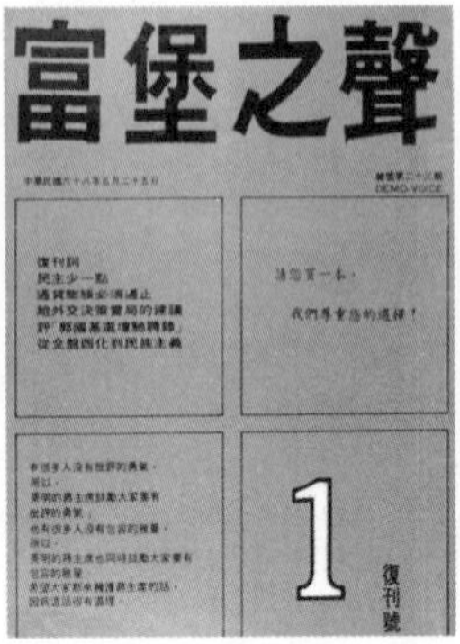

■一九七八年五月創刊

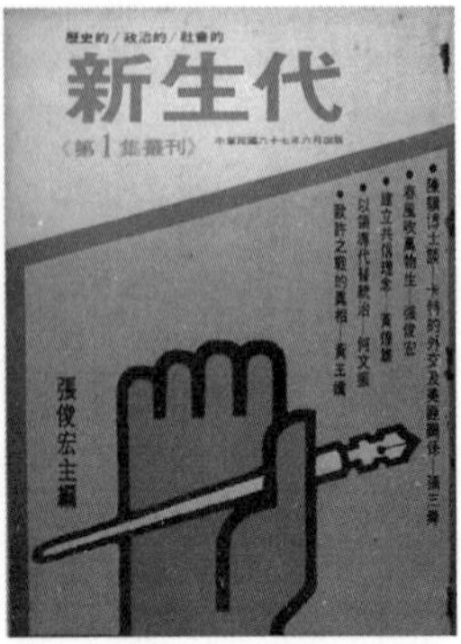

■一九七八年六月創刊

■一九七九年四月創刊

■一九七九年六月創刊

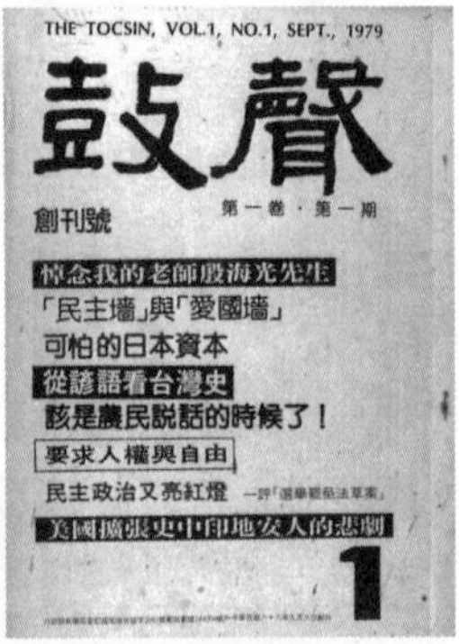

■一九七九年九月創刊

■一九八〇年二月創刊

■一九八〇年八月創刊

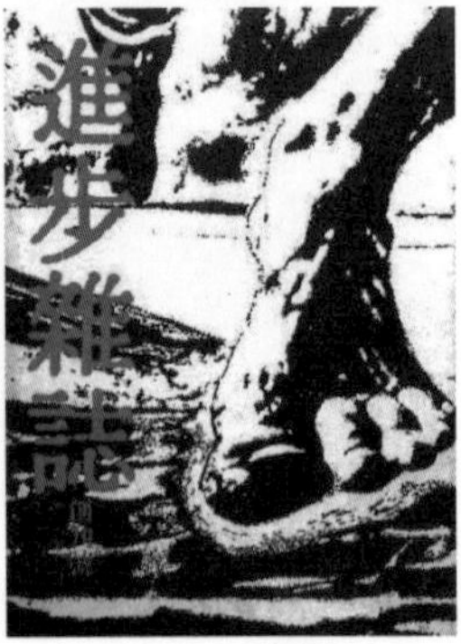

■一九八一年四月創刊

■一九八一年六月創刊

■一九八一年十月創刊

■一九八二年九月創刊

■一九八三年一月創刊

■一九八三年一月創刊

■一九八三年一月創刊

■一九八三年三月創刊

■一九八三年八月創刊

■一九八三年十月創刊

列。讀者必須逡巡書報攤，向老闆套交情、隱約探問、暗中購買才能一睹為快。光買雜誌本身就很刺激，何況看雜誌。不靠廣告，雜誌名稱一改再改，竟能持續發行五年、三百多期，未曾中止，堪稱奇蹟。

七個字入獄

一九八四年十月十七日，國民黨黨政軍警特系統的高層召開「現階段加強文化審檢措施座談會」，由警備總司令陳守山主持。會中，國民黨文工會主任宋楚瑜鼓勵「非公職人員」出面控告，走法律消耗戰，以自訴毀謗罪對付黨外雜誌。

馮滬祥率先響應出手。他是臺大哲學系事件的要角，在情治高層的指使和撐腰之下，校方配合運作，解聘哲學系教師十餘人。一九八四年，當時是東海大學哲學系主任的馮滬祥，控告《蓬萊島》雜誌報導他的《新馬克思主義批判》是「以翻譯代替著作」。纏訟經年，發行人黃天福、社長陳水扁、總編輯李逸洋三人各判刑八個月，民事賠償兩百萬元，是八〇年代著名的文字獄。

陳水扁，一九五〇年生，臺南官田人，三級貧戶之子，臺灣大學法律系畢業。二十九歲時加入美麗島辯護律師團，一九八一年當選臺北市議員。一九八五年，因《蓬萊島》案被判刑，宣布辭去臺北市議員。同年底獲黨外徵召，回鄉競選臺南縣長，一萬餘票之差敗給李雅樵。謝票時，妻子吳淑珍遭拼裝車撞成重傷，半身癱瘓。一九八六年六月，人稱「蓬萊島三君子」的陳水扁、黃天福、李逸洋入獄服刑，入獄前在全臺舉行坐監惜別會，捲起熱烈風潮。

半年後，吳淑珍坐在輪椅上代夫出征，當選立法委員。一九八七年陳出獄後，成為吳淑珍的助理。之後陳連任兩屆立委，一九九四年當選臺北市長。二〇〇〇年代表民進黨競選總統獲勝，締造臺灣史上第一次政黨輪替，四年後連任成功。二〇〇八年任滿下臺，因案繫獄。

周清玉的《關懷》雜誌不走政論路線，而是關懷政治犯、家屬和其他受刑人。最具意義的是，舉辦四屆關懷夏令營，讓政治犯家屬交換成長經驗，走出陰影，相互扶助。

因報導馮滬祥「以翻譯代替著作」，《蓬萊島》的發行人黃天福（左二）、社長陳水扁（右二）與總編輯李逸洋（右一）遭判刑入獄，舉辦蓬萊島三君子入監惜別會。（張芳聞攝）

邱義仁、吳乃仁和林濁水、洪奇昌、簡錫堦等十餘人成立「新潮流」，深入基層發展群眾組織，並發行雜誌。做為一個政治團體，甚至日後做為民進黨的一個派系，「新潮流」經常發揮關鍵作用；但《新潮流》做為一本刊物，除了早期「雞兔同籠」專題引發爭議，後來時辦時停，無疾而終。

戒嚴時代，人民的思想和行動都受強力箝制，只能靠選舉期間大鳴大放。黨外雜誌屢停屢辦、前仆後繼，傳播進步思想、提供內幕消息，滋養民間社會。影響之大，連參謀總長郝柏村也管不住自己的兒子，他在一九八九年四月十六日的日記寫著：「靖兒由於接觸黨外雜誌，無形中對余有誤解，包括余對三軍事務的處理。以甘裕郎遣返，他就附和黨外反政府分子的論調……」

李登輝在《見證臺灣》一書坦承，當副總統時，「我也看黨外雜誌，這些雜誌很有趣，沒什麼不好。我以前有一套《自由中國》，雷震被抓以後那陣子政治氣氛很嚴，我才把這套雜誌燒掉。那時候刊行很多政論雜誌，我也在看康寧祥出版的《八十年代》。我可以讓祕書幫我去買，就說我要檢查就好了……」

詩人羅葉在美麗島事件時，就讀國中三年級，準備高中聯考。他說：「放學後，偶爾會從南門國中繞遠路，散步到龍山寺附近等公車，順便翻閱書報攤的黨外雜誌。」學運分子、後來當選國大代表、立法委員的李文忠說：「因為國中導師支持黨外運動，拿黨外雜誌給我看，後來我受《臺灣政論》啟蒙，讀《美麗島》雜誌，林宅血案發生後，我就決定要和國民黨萬惡政權拚一輩子。」

除了上述黨外雜誌，還有堅持左翼旗幟的《夏潮》和《人間》。五〇年代白色恐怖大逮捕以後，左翼活動在臺灣幾已銷聲匿跡。直到七〇年代才有《夏潮》雜誌迂迴前進，開展左翼論述。

《夏潮》於一九七六年二月創刊，至一九七九年一月被警總查禁停刊，計發行三十五期。總編輯蘇慶黎是老臺共蘇新的女兒。作者群包括陳映真、陳鼓應、王拓、楊青矗、唐文標、王曉波、南方朔、蔣勳、李雙澤、李元貞等，結合左翼思想、鄉土文學、現實主義三大論述，整理日治時代的歷史文化，提倡民歌運動，為七〇年代的臺灣文化播種扎根。其精神，在八〇年代由陳映真創辦的《人間》雜誌繼承下來。《人間》（一九八五至八九年，四十七期）以強烈的影像風格和內容，成為報導文學的典範。

八〇年代除了政治性的黨外雜誌，還有兩種文化性雜誌，各自扮演啟蒙角色。其一是《南方》月刊（一九八六至八八年，十七期），由呂昱（因許席圖案入獄，坐牢十五年）創辦，走不統不獨、新左新馬的路線，高舉「民間社會論」大旗，長於批判性論述。

其二，是一系列名稱相近、精神相通，但創辦者不同的雜誌，可統稱為「臺灣文化」系列，包括柯旗化（政治犯，二進宮，坐牢十七年）創辦的《臺灣文化》季刊（一九八六至八八年，十期）、林央敏等人創辦的《臺灣新文化》月刊（一九八六至八八年，二十期，與《臺灣文化》都因查禁而停刊），以及謝長廷創辦的《新文化》月刊（一九八九至九〇年，二十一期）。這三本都致力在文化層面上，建構與闡述臺灣主體性。

黨外雜誌是報禁時代的產物，也志在突破報禁。一旦報禁解除，言論開放，大型商業媒體挾豐沛的資金和高度的技術進入市場，帶來資訊爆炸的全新情勢，黨外雜誌就功成身退了。

第十一章

狂飆年代

鄭教授約我談話。「你記大過，取消預官軍醫資格。」我說：「他們那一缸子都是垃圾。」「你明知他們等著要辦你，為什麼還把頭伸出去讓他們剁？」、「三十多年前，我的學長郭琇琮、許強被抓去槍斃，你不驚嗎？」、「抓你去坐監，你爸爸媽媽受得了嗎？」我想不出如何用很短的時間對他說明「造反」是沒有選擇的選擇。

——王增齊，〈老婆婆背小孩〉

拚經濟也拚民主

一九八〇年代下半葉，全球冷戰局勢發生顯著變化。一九八五年，蘇聯新領導人、五十四歲的戈巴契夫上臺，開始推動國內改革與開放。一九八八年，他放鬆對東歐各國的控制，改採「辛納屈主義」（Sinatra Doctrine，因與法蘭克辛納屈的歌曲〈My Way〉有關而得名，意為讓各國走自己的路）。蘇聯的鐵腕，自此從華沙公約組織撤退。

這個改變造成民主化骨牌效應。一九八九年和九〇年，從波蘭開始，東歐共產政權紛紛垮臺，臺灣媒體稱之為「蘇東波」。除了羅馬尼亞的流血革命，其他國家都以民主選舉產生新政府。一九八九年十一月九日柏林圍牆拆除，標誌了冷戰時代結束。同年，中國也發生大規模的民主運動，鄧小平以軍隊血腥鎮壓天安門的六四事件收場。

全球第三波民主化在許多國家風起雲湧。南韓學運、波蘭工運、菲律賓民運和馬可仕下臺等等，對臺灣人民產生莫大的鼓舞。「別人能，我們為什麼不能？」成了普遍的心聲，並進一步化為具體的抗爭。

街頭抗爭蓬勃發展的同時，經濟也蓬勃發展。經過六〇、七〇年代的出口擴張、第二次進口替代，國家和民間都已累積相當龐大的財富。一九八七年，臺灣的貿易出口排名全球第十一名，為亞洲四小龍之冠；到了一九九三年，臺灣外匯存底居全球之冠。

錢賺得又快又多，所有人胃口都大大地開了，興沖沖投入各種一夕致富的金融遊戲：大家樂、六合彩、股市進出，彷彿「全民運動」。一九八三年一月，股市只有四四二點，一九九〇年一月，飆到一二四九五點，七年間成長二十八倍。一九九〇年開戶數五百零三萬，幾乎家家戶戶都投資股市，該年成交總值達十九兆元。

無論投資或投機，豐沛的財富使各行各業榮景無限。人們對未來更有盼望，更有意願出錢出力，支持民主人權運動，打破完全不對稱的政治封鎖。國民黨政權猶做困獸之鬥，但整個臺灣社會急急向前行，爭民主、爭權利，如同掙錢，都充滿鬥志和信心。葉啟田〈愛拚才會贏〉一曲唱遍大街小巷，宛如社會的心聲。時代精神生猛浪漫，淹蓋昔日的恐懼悲情；權利意識高漲，造成八〇年代社會力的大爆發。

街頭戰場

其中勢頭最盛的是遍地蜂起的自力救濟行動。所謂自力救濟，就是民眾的權益受侵害、被剝奪，合法申訴途徑不濟事，改以集體抗爭的方式，向政府相關部門抗議施壓，爭取權利。

自力救濟迅速成為範式，相互學習，相互激勵。環保、婦運、學運、原住民、老兵，士農工商，爭先自力救濟。據統計，一九八七年那一年，臺灣大小群眾事件有一千六百件之多。從七月十五日解嚴起至十二月底，平均每天有六次以上的抗爭事件，使用警力高達十六萬二千多人次。狂飆的年代，人們不是在街頭抗爭，就是準備上街頭抗爭。

洲後村抗爭

一九八〇年代的自力救濟，始於洲後村居民的抗議行動。一九七九年「臺北地區防洪計畫初期實施計畫」核定一九八二至八四年興建二重疏洪道，洲後村被迫遷村。洲後建村已二百五十年，三百多戶居民，百分之九十務農，是一個血緣關係密切的集村型農業聚落，以忠義廟為中心，過著傳統色彩濃厚的生活。

從一九七九到八三年底，村民出錢出力，在村長陳增領導下，奔走行政部門和各級民意機關請願，希望搶救洲後村，守住祖業，守住家園，不要流離失所。請願未果，從一九八四年起，村民退而求其次，希望政府信守諾言，先建後拆，提高補償費。他們到省議會陳情，省主席邱創煥反要求村民自動拆遷，否則強制拆除。請願無效，走投無路，兩百多個村民拉白布條闖進行政院，和院警激烈對峙，震驚戒嚴時期的朝野。

李登輝在《見證臺灣》一書曾提及此事。他說，二重疏洪道是他省主席任內的工作要項，讓洲後村遷村到疏洪道外的五股鄉洲子洋地區。但後來有人認為此舉牽涉到炒地皮，遷村地點不定，村民遂發動抗爭。此時他已當上副總統，不在其位不謀其政。他事後瞭解，此事是警總介入，「他們專管思想，什麼『有孔無榫』的事情都要管。警總屬於另一個系統，他們究竟向蔣經國報告什麼，我們都無從得知。」李登輝說，蔣經國聽到這些意見後，指示儘快將洲後村拆除，否則可能會演變成政治問題。

鹿港反杜邦

一九八五年，美國杜邦公司計劃投資六十四億，在彰濱工業區設置二氧化鈦工廠。七月向國民黨政府提出申請，短短十八天就獲批准。二氧化鈦的製造是經濟部列為十四項高汙染工業之一。彰濱有長達六十四公里的海岸線，是重要漁場和養殖漁業區。兩萬名漁民和相關產業人士，非常憂慮杜邦設廠將會汙染海域，破壞生計。

鹿港人反杜邦設廠，遠因是二十年前，彰化市民舞龍舞獅歡迎臺塑集團的臺灣化纖公司前來設廠。但二十年來工業廢氣籠罩上空，廢水汙染大肚溪，居民罹患各種呼吸道病變，鹿港人親眼見證這一切，認為引入高汙染工業，非常划不來。近因是，西施舌中毒和綠牡蠣案等一連串公害事件，影響西海岸的貝類養殖業，導致靠海為生的鹿港人心惶惶。

另外，鹿港有其文化優越感。昔稱「一府二鹿三艋舺」，文風鼎盛、香火也鼎盛。以前鹿港人寧可拒絕鐵路通過，也要保留寧靜悠閒的生活步調。鐵路如此，何況重汙染工業？

一九八六年初，縣議員李棟樑發起鹿港萬人簽名運動，聯署向總統府、行政院、立法院、監察院、經建會、環保局，表示反對杜邦設廠，並申請成立「彰化縣公害防治協會」。鹿港書法社、木工協會、茶藝社、南管社、美髮業等三十幾個社區組織總動員，短短半年匯聚成巨大力量。六月初鹿港民俗週，青商會和木工協會舉辦反杜邦的海報看板活動，中山路兩側，海報林立，琳瑯滿目。李棟樑發動群眾遊行抗議，高喊：「我愛鹿港，不要杜邦！」立委許榮淑舉辦說明會，三千名群眾把鹿港國小擠得水洩不通，憲警戒備森嚴。外地人也湧入鹿港聲援。阿公阿嬤不懂什麼是「反美帝」，但他們知道，反杜邦設廠事關生

一九八六年十二月，鹿港居民在總統府前舉「怨」反杜邦。（蔡明德攝）

死存亡。十二月十三日，鹿港居民以參觀中正紀念堂為名義，聲東擊西，讓情治單位措手不及。阿公阿婆集體轉向總統府前，高舉「怨」字標語牌抗議。

鹿港反杜邦運動是一場「預防性」的環保運動，對抗財大勢大的跨國集團和昏庸無能的政府。結果，小蝦米戰勝大鯨魚。一九八七年杜邦公司宣布暫停在鹿港的投資案，兩年後移到桃園縣觀音工業區設廠。

一九八六年暑假，一群臺大學生組成「臺大學生杜邦事件調查團」，到當地從事問卷、訪談、資料蒐集整理等工作，事後出版綜合報告書。這是大學生大規模參與社區運動的開端，之後蔚為風氣。大學不論南北，幾乎每個學運社團寒暑假都走出校園，下鄉調查，支援社會運動。

學生運動

二月底某夜，五人小組聚會。一成員報告他那一組人將於二十七日深夜，在文化大學等地散發傳單，嚴重警告國民黨並要求立即釋放盧修一。另一成員報告二十六、二十七日深夜及二十八日早上，在那個人（按：彭孟緝）官舍附近的行動。五人小組同意此次行動並要求注意保密。

二月二十六、二十七夜，學生在市區許多面牆，以及那個人住所的外牆上，問他是否懺悔？

隔日那個人家門口多了幾個便衣暗哨，對面淡江大學城區部巷口多了幾個警察。學生騎車觀察現場，遲疑了一會兒。他們離開的時候，地上飄落一張張雪白的宣言。當天深夜，阿忠到宿舍來，說：「立法委員許榮淑的家被全副武裝特勤警察包圍。」許榮淑本人莫名其妙。她家離現場只隔兩條街。阿忠匆匆離去。

三月，氣氛有些變化，中山南路徐州路口的便衣警察多了一倍，身上並且多背一個小袋子，似乎沉甸甸的。老大哥（按：蔣經國）的車隊經過時，他們盯著路邊等候燈號的學生。

老大哥經常坐在車隊的第二車，報上說他的車是防彈的。有時可見到老大哥臉貼著車窗向外看。

風聲變緊，醫學院和阿忠這兩組在校外行動的人暫時停手。政治系阿福那一組人在校內行動似乎收不了手。作案像作愛。

王增齊醫師在〈老婆婆背小孩〉一文，追憶一九八三年的往事。文中所提五人小組，即臺大大學論壇社李文忠、劉一德、王增齊、賴勁麟和楊金嚴。他們選擇二二八這個日期，散發政治傳單；趁月黑風高，到二二八事件的劊子手、一九五〇年代特務頭子之一的彭孟緝（時任總統府戰略顧問）的官舍圍牆，噴漆抗議。事後風聲緊，調查局展開約談，五人小組相約逃亡。他們福大命大，有驚無險，逃過一劫。

在此兩年前，大論五人小組即開始校內串聯，係臺大學運世代的開始。回溯戰後臺灣的學運，歷經一九五〇年代白色恐怖，學運偃旗息鼓；七〇年代初，因保釣事件短暫復甦，旋即被鎮壓下來；八〇年代，學運再興。主要訴求是校園言論自由，廢除社團刊物審稿制度，要求學代大會普選。一九八六年的「自由之愛」開始推動大學改革，隔年年初，向臺大校長孫震呈遞一千八百六十五名學生聯署的〈大學改革芻議〉，積極鼓吹《大學法》修法，走向立法院陳情。

臺大學運原本一枝獨秀，八〇年代中葉，南北各大學也春雷遍響。創辦地下刊物，下鄉實踐所學，展開校際串連，譜出昂揚的青春進行曲。一九八七年，各校學生成立「大學法改革促進會」，藉由校園民主議題，宣示成立公開的跨校學運組織。一九八八年二月二十八日，改組為「民主學生聯盟」，將學運議題擴大到校園民主之外的社會議題。一九九〇年三月，五千多名學生聚集中正紀念堂，要求解散國民大會、廢除臨時條款、召集國是會議、訂定政經改革時間表，是謂「野百合學運」。

社會學者吳介民在〈一九八七解嚴恍如昨〉如是描述：

> ……野百合受自力救濟啟蒙。他們唱〈國際歌〉、〈Blowing in the Wind〉、〈亞細亞的孤兒〉，也唱〈一隻鳥仔哮啾啾〉。他們讀馬克思、列寧、韋伯、歐威爾，也讀楊逵、七等生、矢內原忠雄、史明。他們在影廬、太陽系看《教父》、《感官世界》、《單車失竊記》、《革命前夕》。他們拒審稿、發行地下刊物、搞校園串聯、下鄉支援社區運動。有人被民進黨吸引，有人參加左統讀書會，有人摸黑到彭孟緝住宅圍牆上噴漆……

一九九〇年三月的野百合學運，對臺灣民主運動影響非常深遠。（余岳叔攝）

社運大軍

八〇年代以前，種種社會議題，除了刻意去政治化的消費者運動，全被壓制。黨外政治運動帶頭突破禁忌，形形色色的社會議題，隨後逐一浮上檯面。各式各樣的權利促進會相繼成立，各路人馬聚集，朝各個方向，分頭並進匯成壯闊的社運大軍。

人權運動

一九八四年八月，江鵬堅、郭吉仁、施瑞雲等人發起籌組，於十二月十日世界人權日成立臺灣人權促進會（簡稱臺權會）。立委江鵬堅任會長，田秋堇任幹事。

早期，人權和政治人權幾乎是同義詞。臺權會的目標在爭取人民的政治權利和公民權利，初期工作著重政治犯救援、黑名單廢除、基本人權保障、人權迫害的抗爭、弱勢權利的爭取、人權理念的傳播、世界人權機構的聯繫等。

該會固定發行人權雜誌（最早為會訊，後為雜誌，現為TAHR報）與年度人權報告，是臺灣人權史的重要文獻；也是民間非政府組織（NGO）之中，最早發表年度報告的機構。這些出版品多年累積下來，成為一九八〇年代迄今，關於臺灣人權的豐富民間史料。

之後，在接任會長陳永興、李勝雄、鄭欽仁等人帶領下，擴大參與層面：二二八和平日運動、聲援蔡有全許曹德臺獨案、關懷五二〇事件……無數社運活動，或積極參與，或協助宣傳，或發表聲明。社運有大有小，有熱門有冷門，有平和有驚險，臺權會幾乎無役不與，擔當社運界的火車頭角色。黃文雄形容，臺權會是「簽仔店的規模，做百貨公司的事」。

勞工運動

一九八四年五月一日國際勞動節，臺灣勞工法律支援會成立。第一任執委包括邱義仁、郭吉仁、賀端蕃、簡錫堦、楊青矗、袁嬿嬿、蘇慶黎等人。郭吉仁和李勝雄任義務律師，唐雲騰任總幹事。

早期勞支會由夏潮系統和新潮流系統組成，統獨合作，以勞工後勤支援為目的，提供義務法律諮詢，協助勞工解決業者積欠工資、爭取勞保

八〇年代，工運才要蹣跚起步。（邱萬興攝）

權益、處理職業病認定爭議等技術性問題。成立四年，累積服務的勞資爭議個案就達三千件之多。

一九八八年該會調整定位，改名為臺灣勞工運動支援會。會員進入工廠，協助工人組織工會，促進工會的自主化和民主化，並促成十八個自主性工會組成全國自主勞工聯盟（自主工聯）。

一九九二年後，勞支會再改名為臺灣勞工陣線（勞陣）。致力工運的社會化，強調社會資源的分配和弱勢者的生存權利。在各路工運團體中，屬於獨派，中間偏左路線。

工運是硬碰硬的組織戰和動員戰，對抗國民黨和資方。雖是勞工運動，不免與政治運動糾葛重重。一九八六年九月民進黨成立，勞支會的獨派成員加入民進黨，統派的蘇慶黎、汪立峽等人退出。十一月，後者與立委王義雄、遠東化纖工會幹部羅美文等人成立工黨。不久又因路線問題，夏潮人馬出走，另組勞動人權協會（勞權會），並於一九八九年成立勞動黨，走左統路線。還有一九九二年成立的工人立法行動委員會（工委會），走基進左派路線，每年舉辦「秋鬥」遊行。

八〇年代末，臺灣經濟面臨出走和轉型壓力。隨著企業關廠、倒閉、出走，導致勞工失業，勞資抗爭一波波湧現：新玻、桃客、苗客、基客、臺鐵、臺汽、新光、遠化、安強、十全美、大同、長榮重工、中國時報（按：因工會選舉，開除吳永毅等三名記者事件）、臺塑仁武廠……產業界對工人和工運施壓的力道，愈來愈強烈。

一九八八年自主工聯成立，下半年起，官方和資方聯手鎮壓工運。工運人士動輒被保全施暴，被資方解僱，被官方逮捕、移送、起訴、判刑；鎮暴警察甚至進駐現場打人（如遠東化纖）。一九九〇年郝柏村組閣，以《檢肅流氓條例》來辦工運人士，稱為「社運流氓」。時至二十一世紀的今天，關廠工人還必須以臥軌抗爭。

女權運動

《婦女新知》創辦人李元貞分析戰後臺灣的女權運動：七〇年代呂秀蓮的新女性運動是拓荒期，八〇年代婦女新知等新興團體的萌芽是播種期，九〇年代以後的多元性別運動是開

一九八七年的關懷雛妓遊行，到桂林分局抗議政府縱容人口販賣。（邱萬興攝）

花結果期。

呂秀蓮回憶：「那個時候從事婦女運動的難度，實在不亞於政治運動。」她因美麗島事件入獄，調查局特務逼她寫自白：「……倡導新女性運動，意在動盪社會，尤其製造國民黨統治階級夫妻之間反目成仇，好便利於臺獨活動……」

李元貞自述，她受《大學雜誌》的〈臺灣社會力分析〉和法國女權運動先驅西蒙・波娃的《第二性》影響，走上追求民主化和兩性平權之路。呂秀蓮入獄，她也被調查局約談。之後，她受黨外新生代的鼓舞，深覺婦運不能停頓，必須接力走下去。一九八二年，《婦女新知》創刊，李元貞和鄭至慧、尤美女、簡扶育、李豐、李素秋、吳嘉麗等人，動筆動口，辦展覽、辦演講，辦座談、辦影展。當時臺灣還是父權社會，李元貞說，連臺大心理系教授楊國樞都質疑：「婦女問題是否只是一小撮女人的心理問題？」

婦女新知行動力強，一九八四年發動七個婦女團體，到立法院要求通過《優生保健法》，主張子宮自主權；一九八七年，鑑於雛妓市場和人口販賣日益氾濫，協同長老教會推動「彩虹專案」救援雛妓，上街遊行，反對販賣少女入火坑；一九八八年，抗議政府處理不力，救援雛妓再出擊。除了婦女、原住民、人權、教會四大團體，還有許多大學社團加入示威行列。

婦女新知是女權運動的大姊頭。五年後（一九八七），主婦聯盟和進步婦女聯盟相繼成立。前者深耕主婦社群，關懷生態環保；後者除了女性議題，也積極在政治議題發聲。

原住民運動

一九八三年是原住民運動的起點，兵分兩路：其一是校園內，臺大學生林文正（伊凡．諾幹，泰雅族）和劉文雄（夷將．拔路兒，阿美族）創辦《高山青》雜誌，要求重視高山族面臨種族滅絕的危機，並提倡高山族民族自覺運動。他們在救國團北區山地大專學生聯誼會，分發雜誌給在場三百多名原住民學生，引起震撼，軍訓教官立刻干預，加強控制。《高山青》雜誌共發行六期，幾乎期期引起國民黨系統強烈反擊。

其二是，曾就讀臺大外文系的民歌手胡德夫（路索拉門．阿勒，卑南族）校園外的系統。一九八四年，「黨外編輯作家聯誼會」（黨外編聯會）成立「少數民族委員會」，胡德夫擔任召集人，旨在關切山地經濟被掠奪、雛妓、童工等非法現象，並介紹少數民族文化，抵制同化政策，促進政治覺醒。

同年六月、七月、十二月，臺北縣接連發生三次嚴重礦災，死亡礦工近三百人，創下臺灣最慘重的工殤紀錄。罹難者大多是原住民，反映出原住民的悲慘處境。十一月，胡德夫等人籌組「原住民權利促進會」（原權會）。「原住民」一詞首度出現，日後取代政府文書中的「山地同胞」和民間口中的「山地人」和「番仔」。

為了召募會員，胡德夫從臺北出發，環島招募了二十八名創始會員。包括童春發（排灣族）、田雅各（布農族）、施努來（雅美／達悟族，後改名夏曼．藍波安）、郭建平（雅美／達悟族）等。十二月原權會成立，胡德夫當選首任會長，發行刊物《原住民》。

八〇年代原住民運動風起雲湧，原權會發動或參與的重大運動包括：正名運動（一九八四年開始，持續到二十一世紀）、拯救湯英伸（一九八七年）、拆毀吳鳳神像（一九八八年）、驅逐惡靈（即核廢料，一九八八年，蘭嶼）、還我土地（一九八八至九三年）等。

環保運動

臺灣的經濟發展一直是重視開發忽略保育，以致山林河溪土地遭嚴重破壞。八〇年代初期，多氯聯苯、地層下陷等開始成為新聞議題。環境破壞直接影響人的生存和生計，身受其害者，紛紛起而抗爭，包括桃園縣觀音鄉大潭村村長率村民到縣政府抗議鎘汙染；高雄縣永安鄉居民設路障，抗議中油公司液化天然氣接收站工程，砂石卡車進出造成民宅和路面龜裂等。

社會學者蕭新煌分析，早期的環保運動分硬性路線和軟性路線兩種。軟性路線又稱浪漫路線，以藝文圈和學者為主，著重生態保育。例如保護恆春半島的過境候鳥、保護淡水紅樹林。反公害、反汙染則是硬性路線。受害者為了求生存，又求助無門，被迫走上法律邊緣和暴力抗爭。

一九八六年四月二十八日，臺中縣大里鄉黃登堂老師的〈空氣有毒的日子：一個小學老師的公害日記〉，在《中國時報》人間副刊全版刊載。詳述三晃、長益兩家農藥工廠成立以來，鄰里街坊十年來受工廠毒氣和爆炸戕害的惡夢。黃登堂說：「三晃的汙染很嚴重，風一吹過來，連氣都喘不過來。大家都逃去大里。在太平這邊是順風，更嚴重。」居民向鄉、縣、省、中央陳情至少三百九十六次，都受挫而返。〈公害日記〉是反汙染的歷史證言。為了抵制空氣汙染、水汙染、化學汙染、垃圾汙染，一九八五年，黃登堂等人創辦「臺中縣公害防治協會」，這是全國第一個公害防治協會。

一九八五年，以清華大學黃提源教授為首，結合文化傳播界、醫學界等組成《新環境》雜誌社，推動環境教育、並關心核能、生態保育和重視公害。《新環境》雖是環保組織，但因都會型知識分子的性格，和政治立場的考量，都未實際參與各地「硬碰硬」的，如大里反三晃、新竹水源里反李長榮、鹿港反杜邦的抗爭。一九八七年，《新環境》董事之一，臺灣大學張國龍教授廣邀各團體到恆春舉辦「從三哩島到南灣」的反核說明會，警方包圍現場，民眾無法進入；張國龍等人乃決定把講臺移到恆春街頭，又與警方發生衝突。此事引起《新環境》內部爭議，黃提源、張國龍退出，前者創建新竹市公害防治協會，後者參與創辦環保聯盟。

環保聯盟成立於一九八七年，以「草根的、知識的、行動的」團體自許，主張環境權是基本人權，不得交易或放棄；環境保護是全體人類的責任，無國界、種族、宗教和黨派之分。全臺現有一千多名會員，十三個分會，長期從事反核運動、反公害與生態保護運動、推廣環保教育，是環保團體的龍頭大哥。

農民運動

日治時代，農民運動曾有一段光榮傳統。但戰後在國民黨統治下，農業被定位為「培養工業」之用，一路衰退停滯，八〇年代已呈現嚴重危機。一九八七和八八年是農運的高峰，各地紛紛組織「農民權益促進會」，相互串連，先後發動一二〇八、三一六、四二六農民示威，抗議國民黨政府和美國的貿易談判，罔顧農民生計，大量開放國外農產品進口。

一九八八年五月二十日，由雲林農權會發起，總指揮林國華、副總指揮蕭裕珍帶領雲林、嘉義十縣市數千名農民北上陳情，要求七大訴求：全面辦理農保、免除肥料加值稅、有計畫收購稻穀、農會還權於會員、改善水利會、設立農業部、農地自由使用。

結果，請願群眾與鎮暴警察激烈衝撞，鎮暴警察強力驅離，群眾的石頭、汽油彈和警棍盾牌相交加，從下午對峙到次日清晨，巷戰二十小時，血濺街頭，員警、群眾和學生多人受傷。這是解嚴後，時間最長、衝突規模最大、流血程度最重的街頭事件。警方當場逮捕林國華、蕭裕珍，《民進報》總主筆林濁水和上百名農民、十幾名大學生，史稱「五二○事件」。

事後，國民黨政府起訴百餘人，並發動輿論攻擊主辦單位預謀暴力，「假農民」藉機滋事。後來，中央研究院研究員許木柱等十一名教授，組織調查團深入調查，提出《五二○事件調查報告書》，認為林

在五二〇事件中，被拆毀的立法院招牌。（邱萬興攝）

國華等人並無暴力預謀意圖。一九八九年七月，農民保險上路，包括肥料降價、稻價提高，農地釋出等政策相繼實施，五二〇農民的七項訴求，已局部實現。

老兵返鄉

八〇年代末，臺灣海峽兩岸已隔絕近四十年。老兵想家想親人，想到生病，想到發瘋，不僅是嚴重的社會問題，也是少見的天倫慘劇。

一九八七年春，在「外省人返鄉探親促進會」（會長何文德）、學界人士、民進黨員的積極協助下，老兵開始上街頭。他們胸前背後寫著「想家」，手中拿著「白髮娘，盼兒歸，紅妝守空幃」、「骨肉隔絕四十年」、「抓我來當兵，送我回家去」的標語和傳單，到國軍退除役官兵輔導委員會請願，和警衛發生衝突。

五二〇農民轉往行政院繼續抗議，與鎮暴警察對峙。（邱萬興攝）

兩岸雖隔絕四十年，當局三令五申說「不接觸，不談判，不妥協」，其實高官顯貴早就利用「唐光華信箱」暗通款曲；膽子夠大的人，也已想辦法回中國探親掃墓修祠了。一九八七年七月十四日，蔣經國頒布命令，次日解除戒嚴；「基於人道考慮」，八月二十九日開放赴中國探親。

綠色小組

烽煙四起的街頭運動，有奇兵突起，那就是「綠色小組」。在臺視、中視、華視三家電視臺壟斷電子媒體，電視新聞形同國民黨傳聲筒的時代，王智章、李三沖、傅島成立綠色小組（之後林信誼、鄭文堂加入），拿起攝影機走向街頭。

綠色小組成立於一九八六年十月，第一件作品，就是當年底許信良闖關回臺的桃園機場事件。三家電視臺一如往昔全面抹黑反對人士，大扣「暴力分子」的帽子。綠色小組拍攝的影片重現事件現場，戳破電視臺的謊言，錄影帶也大暢銷。另一件代表作是「五二〇事件」，再度推翻官方說法，留下真實紀錄。他們並成立放映隊，到農村播放，訴說真相，鼓舞士氣。

李三沖曾如此介紹綠色小組：

綠色小組，它給自己三項使命。第一，記錄，記錄臺灣的社會運動。到目前為止，它拍攝的影片大約有三千小時。第二，傳播，也就是以錄影帶傳達社會運動的訊息。到目前為止，剪輯完成並曾公開放映的影片約有一百二十卷。第三，戰鬥，和官方的電視臺進行戰鬥，特別是在發生重大事件，運動遭到電視臺嚴重扭曲打擊的時候。

狂飆的年代，除了黨外雜誌報導，此時又加入直接訴諸影像的媒體。王智章在多年後回顧綠色小組：「我們一起記錄了臺灣人民用卑微的身軀挺身出來捍衛尊嚴、保護家園的歷史。」

抓狂歌

一九八九年「黑名單工作室」出版《抓狂歌》，是臺灣第一張充滿社會意識的臺語搖滾專輯，每一首歌都反應了社會、政治、經濟、文化的現象。其中，〈民主阿草〉大膽而深刻嘲諷臺灣的政治問題，是街頭狂飆的劃時代作品，也是當時著名的禁歌：

透早出門天清清
歸陣散步來到西門町
看到歸路的警察和憲兵
全身武裝又擱向頭前
害阮感覺一陣心頭冰
咱來借問矣警察先生：
今嘛已經民國七十八年
是不是欲來反攻大陸準備戰爭？

八〇年代常被形容是狂飆的年代。蓬勃發展的社運和組織，每條動線，幾乎都是在布滿荊棘的粗礪路上，奮力匍伏前進，有說不完的感人篇章，和複雜幽微的內情。此處再擇其要，粗列如下頁表格。

一九八〇年代社運團體概觀

名稱	成立時間	首任負責人
臺灣關懷中心	一九八〇年	創辦人周清玉
婦女新知	一九八二年二月	創辦人李元貞
臺灣勞工法律支援會	一九八四年五月一日	總幹事唐雲騰
臺灣人權促進會	一九八四年十二月十日	會長江鵬堅
臺灣原住民權利促進會	一九八四年十二月二十九日	會長胡德夫
二二八和平日促進會	一九八七年二月四日	會長陳永興
臺灣筆會	一九八七年二月十五日	會長楊青矗
外省人返鄉探親促進會	一九八七年三月	會長何文德
主婦聯盟	一九八七年三月	創辦人徐慎恕
進步婦女聯盟	一九八七年五月一日	召集人曹愛蘭
教師人權促進會	一九八七年八月二十三日	會長林玉体
臺灣政治受難者聯誼會	一九八七年八月三十日	會長魏廷朝
臺灣環境保護聯盟	一九八七年十一月一日	會長施信民

臺灣民主運動北區政治受難者基金會	一九八七年十一月十五日	會長簡錫堦
臺灣地區政治受難人互助會	一九八七年十一月二十二日	會長林書揚
全國自主勞工聯盟	一九八八年五月一日	會長曾茂興
勞動人權協會	一九八八年五月一日	會長王津平
臺灣農民權益促進會	一九八八年六月二十八日	會長林豐喜
臺灣農權總會	一九八八年七月四日	會長林國華
客家權益促進會	一九八八年十一月十日	會長陳子欽
無住屋者團結組織	一九八九年五月十日	發起人李幸長

第十二章

我思故你在

我們是小國小民，但我們是好國好民。
國民黨捉不到我的人，只捉得到我的屍體。

——鄭南榕

挑戰禁忌的鄭南榕

八〇年代的黨外雜誌負責人當中，鄭南榕是個異數。他不是公職人員，無心參選，也無意組織派系。他志在打破禁忌，解除枷鎖，讓臺灣人成為有尊嚴的自由人。如同他的座右銘：「我們是小國小民，但我們是好國好民。」

鄭南榕是所謂的外省人第二代。他自述：「我出生在二二八事件那一年，那事件帶給我終身的困擾。因為我是混血兒，父親是日治時代來臺的福州人，母親是基隆人。二二八事件後，我們是在鄰居的保護下，才在臺灣人對外省人的報復浪潮裡免於受害。」

鄭南榕建中畢業後，考上成功大學工學院，讀了之後決定重考。他說：「我是第一流的思想家，為什麼要做第三流的工程師？」他考進臺灣大學哲學系，拒修國父思想，放棄畢業證書，退

鄭南榕：爭取百分之百的言論自由。（張芳聞攝）

伍後從商，經美麗島事件衝擊，決定投入政治改革。他幫《深耕》雜誌採訪寫稿，一九八四年創辦《自由時代》，行動思想家跨出第一步，要打破戒嚴體制的禁忌。

他一口氣申請了十八份雜誌執照，要和國民黨長期抗戰。雜誌標榜「爭取百分之百的言論自由」，目錄上印著「本刊文責一律由總編輯鄭南榕負責，目錄頁恕不詳具作者姓名」。江南命案發生，他立刻轉載導致江南殺身之禍的《蔣經國傳》，一步步挑戰言論禁忌，揭露蔣家內幕，揭發軍方弊端，甚至翻印史上最嚴重的禁書——史明的《臺灣人四百年史》。

不只是爭取百分之百的言論自由，他還發起各種運動打破禁忌。要求解嚴（五一九綠色行動）、平反二二八（二二八和平日運動）、平反白色恐怖（聲援蔡有全、許曹德臺獨案），以及臺灣獨立建國運動，都與他密切相關。江鵬堅說：「鄭南榕這個人，從來不給我們好日子過。」江坦承，自己並不願意天天走鋼索、時時心驚膽跳；但鄭的目標，卻又名正言順，他只好硬著頭皮上戰場。這種模式延續著，彼此相挺，是那個年代的生命情調。

解除戒嚴行動

戒嚴是國民黨統治臺灣的基石之一。一九四九年實施以來，民間要求解嚴的呼聲即使微弱，也未曾中止。

有人寧為順民。林洋港任內政部長時，語出驚人：「臺灣的戒嚴只有實施百分之三而已。」這句話，和蔣介石所說「我國沒有政治犯」、沈之岳所說「刑求逼供是一種傳聞」，都是戒嚴時代的「名言」。

事實上，國民黨政府在臺灣實施的非常體制，共有三道枷鎖：一是戒嚴體制，用以鎮壓全民；二是戡亂體制，為了整肅異己；三是總動員體制，箝制經濟，就是經濟戒嚴。

一九八六年，戒嚴令已實施一萬三千多個日子，是當時全世界最長的戒嚴令。三十七歲以下的臺灣人一出娘胎就活在戒嚴之下。那一

一九八六年反戒嚴遊行，白天豔陽高照，民眾被困在龍山寺內。前排左起尤清、江鵬堅、戴振耀。第二排左起，張俊雄、陳光復、湯金全、鄭南榕、黃昭輝。（湯金全提供）

年，鄭南榕發起「五一九綠色行動」，要求解嚴，號召群眾集合龍山寺，遊行前往總統府抗議。他說：「一九四九年五月十九日，國民黨發出戒嚴令，宣布五月二十日全臺戒嚴。讓我們以五一九綠色行動，『紀念』臺灣戒嚴日。」

這是臺灣第一次將「解除戒嚴」從口號提升為行動。五月十九日清早，行動總指揮江鵬堅，黨外公職和黨工兩百多人，頭綁綠布條群聚龍山寺，手持「要求解除戒嚴」、「戒嚴就是軍事統治」布條，準備進軍總統府。警方迅速鎖上龍山寺鐵門，千名員警層層包圍，外面的人進不去，裡面的人出不來。白天豔陽高照，午後傾盆大雨。附近商家自動「空中補給」，一箱箱的飲料、包子肉粽，源源不斷送入龍山寺內。直到夜幕低垂，十二小時的對峙才告結束。

一九八七年，五一九綠色行動由當時已成立的民主進步黨主辦。訴求「百分之百解嚴，百分之百回歸憲法」、「只要解嚴，不要國安法」，參加群眾兩萬人。國民黨政府派出鎮暴部隊，布下拒馬、蛇籠嚴陣以待。兩個月後，七月十五日，戒嚴解除。

解除戒嚴的同時，國民黨隨即施行《動員戡亂時期國家安全法》，簡稱國安法，被譏為「愈解愈嚴」。為抗議國安法，民進黨又發起六一二示威活動，國民黨「反共愛國陣線」前來鬧場，最後由鎮暴警察驅散。事後，民進黨謝長廷、洪奇昌、江蓋世三人被判刑。

真正的解嚴，一直要到李登輝執政，一九九一年《動員戡亂時期臨時條款》廢止後才真正落實，但《國家安全法》仍保留下來。此法最令人詬病之處，是剝奪政治犯在解嚴後的上訴權利。無數冤、錯、假案無法平反，白色恐怖的真相至今無法究明。

平反二二八

一九八六年六月二日，五一九綠色行動結束十幾天，鄭南榕就因違反選罷法而入獄。八個月後，一九八七年一月二十四日出獄當天，他立刻聯絡同志商討如何紀念二二八事件四十年週年。長期以來，二二八是一把插在臺灣人民心頭的刃，是國民黨屠殺鎮壓的血腥印記，長達四十年懸為厲禁，是臺灣戰後史上最陰森晦暗的角落。

二月四日，鄭南榕和同志們成立二二八和平日促進會（簡稱促進會），提出六大訴求：

一、定二二八為和平日，每年舉行追思儀式。

二、公布事件真相，平反冤屈。

三、國民黨政府應公開道歉。

四、二二八史實編入歷史教科書。

五、受難人遺族從優賠償。

六、特赦所有政治犯。

這是臺灣最早的「轉型正義」主張。日後的二二八平反運動，基本上依循這六大訴求而推動。

促進會由陳永興擔任會長，李勝雄任副會長，鄭南榕任祕書長，海內外五十六個人權團體加入。陳永興，高雄人，一九五〇年生，高雄醫學院畢業，曾參與創辦《八十年代》，接辦《臺灣文藝》，擔任臺權會會長。他以人權工作和精神醫學的雙重角度，面對二二八帶給臺灣社會的創傷，尋求療癒之道。

陳永興說：「我們推動這個運動，最重要的是重建臺灣人的心靈。二二八事件使臺灣人的生命集體死亡，這個運動要讓臺灣人復活。不管執政當局有沒有勇氣回應呼籲，只要臺灣人民能夠從二二八事件的歷史教訓中，學習到如何重生，如何站起來，有勇氣紀念自己的先輩，肯定先賢的犧牲奉獻，有信心自己做島國的主人，那麼，我相信，這個運動就成功了。」

促進會以演講、遊行、座談會、默禱、祭拜、追思禮拜、蒐集史料、舉辦學術研討會、出版專書等，年復一年持續推動。戒嚴體制下，統治者照例威脅恐嚇，鎮暴警察照例以棍棒強加遊行群眾，血濺街頭，媒體也照例扭曲報導或不予報導。但每場活動，總有前輩長者或受難家屬默默參與，暗自飲泣。曾經蓄意遺忘、強迫空白、或扭曲誤解的歷史創傷，四十年來第一次，正式公開地攤在陽光下檢視治療。

一九八八年，臺灣基督長老教會通過決議，將二二八訂為公義和平日。一九八九年，運動提升為二二八公義和平運動，並加入興建紀念碑的訴求。此後，從嘉義市開始，二二八紀念碑陸續設立。口述訪談出版、真相調查與報告、政府道歉，賠償受難者與家屬等目標，也逐步實現。

臺獨言論除罪

一九八七年四月十八日，臺北市金華國中操場的演講會，臺下滿滿人潮，臺上麥克風傳來清楚的聲音：「我是鄭南榕，我主張臺灣獨立！」鄭南榕自報姓名，意志堅定，挑戰國民黨的臺獨禁忌。他站在臺上，彷彿獨立於天地之間，嘴角拉成一彎喜樂滿足的弧線。

在此之前，臺獨言論只能在暗處握拳擊掌，或在海外放言高論；直到此際，鄭南榕公開的，一個字一個字，笑咪咪地說出來。

臺獨言論公開了，臺獨主張也要公開列入政治選項。一九八七年八月三日，一百四十二名坐過黑牢的政治犯組成臺灣政治受難者聯誼會。成立大會上，蔡有全當主持人，許曹德提案把「臺灣應該獨立」列入章程。

不多久，國民黨以叛亂罪起訴許曹德和蔡有全，且快馬加鞭，十月十二日開調查庭，收押禁見。這是解嚴之後第一起重大的白色恐怖案件。一九八八年一月十三日，蔣經國去世，國民黨高層關起門來權力惡鬥。三天後，高等法院宣判，蔡有全依「預備意圖竊據國土罪」判處徒刑十一年，許曹德依「共同陰謀竊據國土罪」判七年。

鄭南榕等人組織蔡、許臺獨案後援會，援用二二八和平日運動模式，全臺各地舉辦三十幾場系列遊行、演講等聲援活動。包括教師和牧師都走上街頭，綿延的隊伍把臺獨口號喊得震天響，臺獨第一次做為街頭運動的主訴求。

時代的巨輪，轟轟然加速前進。一九八八年底，仍然是鄭南榕，結合黃華、林永生等政治受難者和基層黨工，展開「新國家運動」，環島行軍四十天。運動的訴求，是對臺灣的國家體制、憲政架構、社會文化各方面，進行新的思考與改造，使傳統臺獨主張獲得更寬廣的內涵。

一九八九年底的三合一大選（立委、縣市長、省議員），三十二名民進黨候選人組成新國家連線，以「建立東方瑞士臺灣國」為共同政見。這場選舉使臺獨言論空間大開。一九九〇年黃華以臺獨罪名判刑十年，四度坐牢。九〇、九一年，又有新國家聯盟、臺灣建國運動組織運動；直至一九九二年五月刑法一百條修正通過，臺獨言論才真正除罪化。

行動思想家之死

一九八八年十二月十日，世界人權宣言四十週年紀念，鄭南榕在《自由時代》雜誌第二五四期，刊登旅日學者、臺獨聯盟許世楷博士《臺灣共和國新憲法草案》。四十天後，一九八九年一月二十一日，鄭南榕收到高檢處的「涉嫌叛亂」傳票。

鄭南榕決定行使抵抗權。他在雜誌社構築防禦工事，安裝層層鐵窗鐵門，在總編輯室放了三桶汽油和打火機。他宣布自囚，說：「國民黨捉不到我的人，只捉得到我的屍體！」

從五一九綠色行動以來，他以雜誌社為基地，舉辦一波又一波活動，突破一個又一個禁忌。這次，他以身體當祭品，以生命做代價。自囚第七十一天，一九八九年四月七日清晨，警方強力攻堅，鄭南榕轉身走進總編輯室，反鎖房門，打開汽油桶淋滿全身，點上打火機。

時代的先行者是寂寞的，不被瞭解的。行動思想家亦如此。林世煜〈我的朋友鄭南榕〉追悼文說：「他辦雜誌，被指為牟利；他坐牢，被指為苦肉計；他搞運動，被指為累積選舉資本；如今他死了，有人笑說是發神經、不值得。」

時代充滿了雜音和噪音，尤其戒嚴時代，特務治國導致人性扭曲，互相猜疑。行動思想家並不介意，他向著標竿直走。那具燒焦的屍體無比雄辯，如嘯如吟，餘音嫋嫋，至今迴盪。

臺大教授陳師孟日後推動一〇〇行動聯盟，要求廢除刑法一百條，遭舊識質疑。他以〈我思，故你在〉一文紀念鄭南榕逝世三週年。文末如此自省：

> 突然醒悟：我豈能一輩子活在這些人的認可之中？終於不再委屈求全地為自己辯白，終於不再字斟句酌地挽回他們的歡心。我斷然表示：自信過去所作所為並無私心，而是對付不義政權的正當手段。別人如何看待我，再不能使我顧忌或猶豫了……這個社會本無資格來「定位」我們，也沒有權利要求我們符合它的期待；正相反，是我們要為這個社

會定位，要引導它達到我們的期許。在當前社會仍充斥價值扭曲，黑白顛倒之時，我們沒有權利做「討喜」的知識分子，只有責任做「討厭」的社會良心。

陳定南說：「半世紀以來，從來沒有一個人像鄭南榕那樣，能夠在短短五年之內，數度引導臺灣的歷史走向，使臺灣更接近民主與自由之境界。這就是他的不凡之處，也是他對兩千萬同胞的遺愛。」

黑名單！黑名單！

「不讓你回家！」對旅居海外的異議分子，國民黨政府採放逐流亡策略，將他們列入黑名單。

詩人王麗華有詩〈給他一個回不去的故鄉〉為證：

……

我就是要給他一個回不去的故鄉
讓他去喊破喉嚨唱破黃昏的故鄉

也回不了他童年捉泥鰍挖番薯的老地方
雖然因此他會在紐約時報巴黎通訊浪得一點小小的聲望
但是故鄉啊故鄉——
永遠站在他做夢也遙不可及的土地上

我就是要給他一個回不去的故鄉
用鄉愁把他憂憤的靈魂埋葬在異國流浪
用監獄把他美好的青春封鎖在黑暗中腐爛
用法律把他背叛我的思想一條一條揪出來吊死清算
用報紙把他細瘦的身子膨脹成一百輛坦克也壓不扁的超級撒旦
用謀殺把他對人性的希望分屍成千千萬萬段

直到他心智迷茫
不復記得地球上有個島嶼叫臺灣

謝聰敏、許信良、林水泉（從左至右）在日本成田機場，遭國泰航空拒絕登機。（張富忠提供）

警方出動三十一輛警車到桃園機場，與接機民眾爆發流血衝突。（邱萬興攝）

一九八六年十一月十四日，黑名單人士林水泉、謝清志、鍾金江、江昭儀、楊嘉猷等人，搭機自美返臺，遭原機遣返。省議員吳大清等人闖入桃園機場入境室接機，遭多名員警毆打。十一月三十日，許信良與謝聰敏、林水泉、艾琳達、若宮清等人，搭機闖關回臺，甫創立的民進黨與來自全臺數千名群眾前往接機。國民黨政府派出軍警鎮壓，封鎖道路，軍用直昇機和裝甲車往返逡巡，消防車向接機民眾噴射紅色強力水柱，警民互擲石塊，爆發機場流血事件。許信良闖關不成。十二月二日，許宣稱要再搭機返臺，民進黨中執委張富忠以協調代表前往機場接機，遭軍警圍毆，民眾也被軍警拳腳棍棒毆打。許信良還是無法回家。

一九八八年七月二十四日，黑名單人士陳婉真隨洪奇昌返臺，在桃園機場闖關未遂，遭員警強押驅逐出境。

第十五屆世界臺灣人同鄉會（世臺會）決議，一九八八年八月返臺舉行年會。黑名單人士張丁蘭、羅清芬、葉明霞、吳信志、莊秋雄等人，以改名的護照，闖關回臺參加。鮭魚返鄉似的，基因在召喚：「我要回家！我要回家！」掀起一波波闖關回家潮。

曾任聯合國世界衛生組織中南美洲護理顧問長的陳翠玉，為突破黑名單封鎖，繞了大半個地球才得以回家，但因奔波勞累，病情加劇，三個星期後逝世。

一九八九年五月十九日，陳婉真「翻牆回家」，現身鄭南榕出殯現場。她說：「我本來就打算回來，特別選在這個時候，是因為我覺得鄭南榕這件事，再講什麼都是多餘的，所以，我用行動來表示。」她又說：「這是我行動的第一步，我回到我自己的地方，我就不走了……國民黨沒有理由放逐我十年。」

八月，第十六屆世臺會在高雄舉行年會，世臺會會長李憲榮、臺獨聯盟中央委員蔡正隆等人再度闖關回臺。國民黨政府祭出國安法，把該會祕書長羅益世逮捕判刑。

前仆後繼的黑名單突破史，最浪漫的篇章，是臺獨聯盟美國本部年輕的主席郭倍宏和副主席李應元先後返臺的故事。李應元，一九五三年生，雲林人，臺灣大學公衛系畢業後赴美留學，成立北美洲臺灣學生會，加入臺獨聯盟。一九九〇年闖關回國，神出鬼沒全臺遊走，處處留下到此一遊的存證照。他攀登大霸尖山，在祖靈英魂的祝福下，為原住民來撒阿給估、伏幹烏來、阿棟·優帕斯加入臺獨聯盟監誓。被捕之前，李應元以十四個月的時間把全國都走透了。

郭倍宏神龍般現身與脫走，更是膾炙人口的傳奇。郭倍宏，一九五五年生，臺南人，臺灣大學土木系畢業後赴美留學。他原本是忠貞的國民黨員，受美麗島事件和陳文成事件影響，開始積極參加臺灣同鄉會活動，一九八三年加入臺獨聯盟，一九八七年擔任臺獨聯盟美國本部主席。

一九八九年底，郭倍宏祕密回臺，行蹤飄忽，和情治人員大捉迷藏，常笑嘻嘻站在警察身邊合照。立法委員候選人盧修一、省議員候選人周慧瑛十一月十九日聯合召開記者會宣布，十一月二十二日晚上，郭倍宏將在盧、周的政見會場（中和體育場）公開現身。郭倍宏並發表一封回臺聲明：

離臺九年，我終於又回到這塊生於斯長於斯的土地了。當年國民黨未經任何司法程序，片面剝奪我返鄉的基本人權；今天我突破國境封鎖自行回家，乃是替國民黨彌補其違法所造成的傷害。

身為臺灣獨立建國聯盟美國本部主席，在國民黨百般恫嚇之下坦然地回臺，主要是受到臺灣建國烈士鄭南榕的強烈感召。為了爭取一個百分之百的言論空間，為了謀求一個自由幸福的生活環境，主張臺灣獨立的鄭南榕義無反顧地捐出自己的身軀，表達他對這塊島嶼的至愛。他以個體所能奉獻的極致，為臺灣人重新詮釋生命的意義，其影響勢必改寫臺灣未來的歷史。詹益樺烈士於國喪中慷慨跟進以及陳婉真衝破黑名單回臺奔喪，只是一個開端。可以預期的，將有更多臺灣人追隨鄭南榕的精神與情操，以實在的行動共

行蹤飄忽被稱為忍者的郭倍宏，現身中和體育場幫盧修一、周慧瑛站臺。（邱萬興攝）

民眾紛紛戴上黑名單面具，掩護郭倍宏離場。（周嘉華攝）

赴他生前未完的心願……

十一月二十二日晚上，中和體育場水洩不通，擠滿群眾和憲警。郭倍宏的父親和哥哥、妹妹也擠在人群中，焦慮等待多年未見的郭倍宏現身。

在喧騰的人聲和鑽動的人頭當中，郭倍宏如約出現在講臺上，接受群眾如雷的掌聲，並發表演講，即席舉辦國際記者會。之後，他戴上黑底反白寫著「黑名單」的紙面具，全場觀眾非常配合，也戴上事先發送的紙面具，郭倍宏在眾目睽睽之下隱身於面具之海，神祕消失。警察荷槍實彈，在每個路口，盤查每輛汽車，搜捕未果。黑名單，黑面具，成了臺灣民主運動史上，最具創意、最振奮人心的行動劇。

臺灣媒體說郭倍宏「神龍見首不見尾」，日本NHK稱他「忍者」，美聯社形容他彷彿「蝙蝠俠」。國民黨懸賞巨金，高檢處簽發十二張拘票，要用叛亂罪辦他。

黑名單人士接力闖關，不惜坐牢，前仆後繼。一九九二年，刑法一百條修訂，解開思想言論罪的枷鎖，黑名單禁令才走入歷史。

第十三章

組黨

一九八六年開春以來，國民黨透過各種傳聲筒，公開或暗地，不停威脅黨外人士：若敢組黨，「依法取締」，「絕不寬貸」。

組黨，一如往昔，彷彿走鋼索，沒有安全網。

九月二十八日上午，「黨外選舉後援會」在臺北圓山大飯店舉行。名義上是向社會推薦立委和國代候選人，其實是賭命式叫牌掀底。

太史公傅正

民進黨之前，臺灣戰後唯一正式籌組的政黨，是一九六〇年的中國民主黨。國民黨迅速鎮壓，將雷震等人逮捕入獄。從中國民主黨到民主進步黨，只有一人，兩次組黨都全程參與，完成經驗的傳承，他是傅正。

傅正，一九二七年生於江蘇。小學四年級，中日戰火蔓延到他的故鄉。他形容當時：「雞飛、狗叫、牛哭，完全是人間末日景象。」一九四五年讀高中時，響應「十萬青年十萬軍」的號召加入青年軍。戰後復員，被分發到上海大同大學經濟系，後轉學武漢大學政治系。

不久，國共內戰又起。一九四九年五月武漢失守，傅正隨華中軍政長官公署白崇禧的部隊撤退廣東，目睹「白崇禧的所謂三十萬大軍，一夜之間，不戰而潰」。一九五〇年，傅正輾轉來臺。他之前曾在蔣經國主持的嘉興夏令營受訓，遂以舊部身分寫信給蔣。一九五二年，進入新成立的政工幹校。

傅正抵臺的第一晚，露宿高雄碼頭，曾對同學說：「但願國民黨已大徹大悟，這一次不要再使我失望了！」沒多久，國民黨再度使他失望。於是他大徹大悟，一九五三年離開政工幹校。

一九五五年，傅正插班臺大政治系，獲彭明敏教授賞識。自謂和彭「在思想方面志同道合，私人感情介乎師友之間」。另一方面，他與《自由中國》的關係，從讀者變成作者，繼而變成編者兼雷震祕書，和國民黨的對抗節節升高。

一九六〇年，傅正是雷震身邊最積極主張組黨的人。組黨事敗，傅正判感訓三年。他在獄中發表言論：「一個政府喪失了人民和土地，還要在國際上代表國家，是史無前例的。中華民國在聯合國的地位不會維持很久了。」被獄方認為冥頑不化，延長感訓，總共坐牢六年三個月，一九六六年出獄。

出獄後的傅正，先後在世界新專、東吳大學任教。雷震出獄後，傅正協助他完成〈救亡圖存獻議〉，主張從速宣布成立「中華臺灣民主國」。一九七九年三月，雷震去世；十二月，美麗島事件大逮捕。蟄伏多年的傅正，憂心民主傳承中斷，再度投入政治運動，為黨外雜誌寫稿，為黨外候選人助選。

一九八六年七月，六十歲的傅正密集和黨外人士聚會，加速商討組黨事宜。他意志堅定，居間協調折衝樽俎，勤做紀錄，鉅細靡遺保存組黨工作的完整會議經過，被稱為「民進黨的太史公」。

黨外編聯會

黨外一直有真假之爭。選舉時，為選票自稱黨外，當選後，則為利益接受國民黨的籠絡和收編。一九七七年，二十一名黨外省議員進入省議會，之後有人加入國民黨，有人在議長、副議長選舉時，投票給國民黨籍候選人。黃信介怒斥他們是「假黨外」。

一九八三年，針對年底的立委選舉，謝長廷提出黨外選舉後援會構想，得到黨外雜誌編輯和新生代的支持。四月十六日，二十多名黨外中央民意代表、省市議員和黨外雜誌代表，討論通過「一九八三年黨外人士競選後援會草案」，向組織化再邁進一步。

到底該如何發識別證？如何考核紀律？如何推薦候選人？這始終是黨外的難題。康寧祥奔走各地公職和山頭之間，協調後提出：「保障現任立委為當然推薦之立委候選人。」八月二十九日第三次籌

黨外編輯作家聯誼會，在紫藤廬的座談會，主持者為林正杰。（余岳叔攝）

備會議，又修正為：「現任黨外立法委員如欲繼續連任者，應優先考慮。」

保障現任制度引起黨外雜誌激烈批評。《生根》、《博觀》、《關懷》、《夏潮》、《鐘鼓樓》等，在林正杰召集下討論因應之策。大家認為，保障現任與國民黨「萬年國會」並無二致，新生代應集結力量與之抗衡。

九月九日，來自全臺一百零五名黨外編輯和作家聚集一堂，公推江鵬堅當主席，逐條討論和通過章程，成立「黨外編輯作家聯誼會」，簡稱編聯會。選出第一任會長林濁水、副會長邱義仁；謝長廷、林正杰、蘇慶黎、劉守成、鄭南榕為紀律委員。

編聯會成了一個平臺，讓左右統獨的非主流青年——現代用語曰知青、文青、憤青，有管道進入黨外圈，寫字辦雜誌、助選、參與社會運動。時勢所需，黨外運動跨入初級的組織化、分工化、專業化；黨外公職人員公共政策研究會、勞工法律支援會、臺灣人權促進會先後成立；風生水，水生風，年輕人大量進入社運界。

編聯會成立次日，在林濁水領導下，集體出席黨外選舉後援會，和謝長廷等人聯手，刪除「保障現任」條款。

林濁水，一九四七年生，南投人，政治大學東語系畢業。原為國中教師，一九七九年在《八十年代》創刊號投稿〈拙劣的越南預言——剖析南海血書的真相〉一文，鞭辟入裡，海內外爭讀。國民黨見勢頭不妙，才中止這場文宣恐嚇戰。隨後，林濁水辭教職，進《八十年代》當編輯。

《八十年代》的老闆是康寧祥。康寧祥心目中的政治人物典範，是兩位在國民黨體制內發展的黨外市長，吳三連和高玉樹。美麗島大逮捕後，康成了僅存的碩果，眾人期待他出面領導殘局。這種期許違背他的政治性格和生涯規畫。他自有規矩和節奏，無意帶領「既不能令又不受命」的黨外雜牌軍。

康系與非康系的衝突，導火線是保障現任條款。若深入瞭解，其實蘊含議會與街頭的路線衝突，公職與非公職的角色衝突，也凸顯兩個世代的差異。

黨外公政會

編聯會雖有謝長廷等部分公職人員加入，但以新生代為主。這些新生代生於戰後，喝過國民黨的奶水，也受世界思潮的啟蒙，批判力和行動力強，橫衝直撞目無威權，生猛活力直追戰後臺灣的左翼青年世代。

編聯會成立後，隔年五月十一日「黨外公職人員公共政策研究會」（公政會）成立，首任會長是立法委員費希平，祕書長林正杰。公職人員經由選舉產生，社會位階高，有群眾基礎。國民黨不願坐視黨外公職組織化，遂宣布公政會是違法組織，要求解散或改名登記。

費希平，一九一六年生於遼寧，北平大學政經系畢業，從軍加入抗戰，入國民黨籍。一九四八年當選立委，隔年隨國民黨撤退來臺。一九六〇年，在立法院質詢雷震案，被國民黨停權一年。一九六二年，國民黨辦理黨員重新登記，他拒不登記，自動成為無黨籍人士。

美麗島事件後，費希平開始和黨外人士交往，為受難家屬站臺；一九八一年正式加入黨外助選團。政治高壓下，六十五歲的費希平是唯一和黨外並肩奮鬥的「老立委」。公政會甫成立即面臨考驗。面對違法與解散的困境，費希平主張向主管機關登記，又致函國民黨祕書長蔣彥士。此舉引發內部抨擊，兩個月後，費希平退出公政會，尤清接任第二屆會長，謝長廷任祕書長。

一九八五年十一月的地方選舉，公政會和編聯會暫釋前嫌，再組黨外後援會，經推薦大會審查、投票，從八十二名登記參選人士當中，正式推薦四十二名候選人，參選縣市長、省議員和臺北市、高雄市議員。黨外後援會提出「臺灣前途應由臺灣全體住民共同決定；徹底實行憲政，廢止臨時條款；解除戒嚴、停止政治迫害、釋放所有政治犯……」等二十項共同政見，和共同口號：「新黨新氣象．自決救臺灣。」組黨和自決，已成為時代的基調。

這次選舉結果，黨外後援會推薦省議員十八名，當選十一名，包括周滄淵、陳金德、王兆釧、黃玉嬌、莊姬美、傅文政、何春木、蔡介雄、余玲雅、蘇貞昌、游錫堃；臺北市議員推薦十一名，全數當選，分別是林文郎、陳勝宏、王昆和、周伯倫、徐明德、謝長廷、藍美津、張德銘、林正杰、康水木、顏錦福；高雄市議員推薦六名，當選三名，包括陳武勳、陳光復、林黎琤。縣市長部分，只有余陳月瑛當選高雄縣長，尤清在臺北縣、許榮淑在臺中市、陳水扁在臺南縣雖捲起熱潮，卻都落選。

選後，謝長廷提案修改公政會章程，設立地方分會；並更改會名，刪公職人員四字，非公職人員亦可參加。這兩點修改，擴大了會員和組織基礎。

公政會設立地方分會，和《美麗島》雜誌社設立分社和服務處，走相同的險路，踩相同的底線，國民黨大為光火。一九八六年，國民黨持續發動輿論攻勢，揚言取締公政會。五月十日，監察委員陶百川、臺大教授胡佛、楊國樞、李鴻禧、張忠棟，居中邀請國民黨中央政策會三名副祕書長梁肅戎、蕭天讚、黃光平，和費希平、康寧祥、尤清、謝長廷、張俊雄、江鵬堅、游錫堃等人溝通。國民黨要求，公政會不要再擴大，不要成立分會，也不要掛招牌。

同一天，警總停刊《八十年代》雜誌，陳水扁、顏錦福宣布成立公政會臺北分會，陳水扁任理事長，這是公政會第一個分會。五月十七日，第二個分會首都分會成立，康寧祥任理事長，下設組黨行憲委員會，蕭裕珍任召集人。幾個月內，如雨後春筍，各地相繼成立十幾個分會。

國民黨政府雖不斷出聲恫嚇，最終並沒有對公政會來硬的。謝長廷認為，因為兩年來發生「江南案」和「十信案」，前者使美國對國民黨不滿，後者導致國內政經情勢低迷；再加上蔣經國健康惡化，國民黨只能虛張聲勢了。

許信良海外組黨

一九八六年，許信良流亡美國已經六年有餘，宛如將軍失了戰場，四望寂寥。他決定在海外組黨，闖關遷黨回臺。

此舉或許是受菲律賓政局的影響。一九八三年八月，流亡美國三年的菲律賓反對派參議員艾奎諾返菲，在馬尼拉機場被刺身亡，震驚全球。海內外連鎖反應，引發一九八六年的「人民力量革命」（People Power Revolution）。百萬人民走上街頭，包括學生和修女，手牽手組成人牆，以肉身抵擋坦克車，把玫瑰花插入炮管，高聲歡唱。獨裁貪腐的馬可仕，眾叛親離，狼狽逃亡，艾奎諾夫人柯拉蓉當選總統。這場非暴力革命，對世人，也對臺灣人民，鼓舞甚大。

一九八六年五月一日，許信良等人在美國紐約舉行記者會，宣布成立「臺灣民主黨建黨委員會」，高舉五項運動目標：突破黨禁、廢除戒嚴、總統民選、國會全面改選、釋放政治犯。許並準備年底「遷黨回臺」。

記者會上，公布了一百一十四名建黨委員名單，彭明敏任榮譽主席，許信良任臨時主席，負責組黨工作。下設執行委員會，有許信良、謝聰敏、林水泉、賴文雄、康泰山、許丕龍、蔡同榮、鍾金江和謝清志九人。

邱義仁認為，許信良此舉，對島內的黨外人士，「有一些感情上、道義上鼓舞的作

流亡的許信良，一九八六年在紐約召開記者會宣布將組臺灣民主黨。（張富忠提供）

用而已，因為主力一定是在島內。」

島內組黨，不成功便成仁。祕密組黨行動，鴨子划水般，暗地多軌進行。隔洋呼應許信良的，只有《自由時代》總編輯鄭南榕和記者江蓋世，兩人填寫申請書傳真到美國，成為第一號、第二號「臺灣民主黨」準黨員。

組黨行事曆

一九八五年底到八六年初，傅正和費希平、江鵬堅、周清玉、尤清、謝長廷、張俊雄、黃爾璇、康寧祥、李鴻禧之間，已有五次組黨討論，但因眾人意見不一，難以為繼。

傅正力主組黨，他說：「小蔣一如老蔣，利用戒嚴做法寶，繼續力行黨禁；而黨外菁英雖然希望突破黨禁，卻總是常聽到要求國民黨制訂政黨法的論調。我始終不以為然，始終相信人民有組黨的權利，不必等待什麼政黨法。」

組黨行動沒有進度，傅正並不灰心。他說：「綜觀這一階段的串聯，雖功敗垂成，但已呈現出祕密組黨進行的分工、架構、策略方向與全盤構想的輪廓。」

六月初，費希平約傅正討論組黨。彼時，鄭南榕發起「五一九綠色行動」，要求解嚴，兩星期後被捕；「蓬萊島案」判刑定讞，陳水扁、黃天福、李逸洋入獄在即。傅正憂心忡忡：「黨外菁英單打獨鬥的下場，只是被各個擊破。面對年底的增額立委與國大代表的改選，正是必須組黨和促成組黨的最好時機。」

七月三日，傅正邀集可合作的人士，當場一個個詢問敢不敢加入組黨籌備會，大家都說敢。在座有費希平、傅正、謝長廷、江鵬堅、周清玉、尤清、黃爾璇、陳菊；大家仔細推敲，又邀張俊雄和游錫堃，總共十人，成立工作小組。

當晚，謝長廷提議以民主進步黨為黨名，傅正和尤清、黃爾璇負責起草宣言、基本綱領、行動綱領。每星期一次協商，不用電話通知，不得缺席，不得洩漏小組存在；所有創黨原始文件，都靠自己寫，打字，剪刀膠水黏黏貼貼，不假手他人，極盡保密之能事。

在此之前，黨外雜誌已有一波波組黨議題，討論關於黨的性質、組織和政策取向；編聯會也祕設組黨小組。編聯會略微傾向左派社會主義，主張社會正義；公政會則是自由民

黨旗由歐秀雄（筆名官不為）設計，右邊為當時的另一個米字版本。（邱萬興攝）

為反對黨命名

□民眾黨　□民主黨　□台灣民眾黨　□台灣民主黨　□民主進步黨
□台灣社會黨　□社會民主黨　□自由黨　□自由民主黨
□其他

姓名或代號　　電話
地址

黨外公政會首都分會　主辦

公政會徵求黨名（林正杰提供）

主黨的色彩。江鵬堅是唯一的，被兩個組黨祕密小組都徵召的成員。他謹守分寸，得到信任。

公政會和編聯會向來有扞格，彼此路線和意識形態不同。公政會認為編聯會是「猴囝仔」，沒大沒小。但組黨終究必須把編聯會納入，因為有勇氣組黨的人已經是極少數，只能合不能分，必須納入編聯會，形成大團結氣勢。另一方面，編聯會也有人執意自行組黨，不願合流。最後，基於歷史使命感，認為戰後臺灣人第一個政黨，不能以分裂為開端，合優於分。換言之，是國民黨的強力威嚇，和無形的社會期待，促成了公政會和編聯會兩個祕密組黨小組，摒除前嫌，合組政黨。

從七月三日到九月十二日，組黨小組總共開了八次會議，完成組黨的前期準備工作。接著進入預備會議階段。

八月十五日，公政會和編聯會在臺北市中山國小操場合辦行憲與組黨說明會，在全美同鄉會副會長楊黃美幸的安排下，美國民主黨國際事務協會會長艾伍德（Brian Atwood）也到場致詞。數萬名支持者歡聲雷動，共同參與「升黨旗儀式」。黨外的「黨旗」設計者是建築師歐秀雄，他也是八〇年代響徹街頭運動的進行曲〈勇敢的臺灣人〉的詞曲創作者。

九月初，林正杰因「誹謗案」被判刑，從九月三日到二十七日，舉辦全臺十二場「街頭狂飆」運動，訴求「街頭就是民主！」「新黨救臺灣！上街頭，救民主！」組黨呼聲，是一九八六年的沸點。

在高昂民氣的護挺下，黨外人士九月十九日、二十三日、二十七日召開三次預備會議，邀請各團體負責人正式商討組黨事宜，廣泛徵求發起人。

九月二十八日上午，「一九八六年黨外選舉後援會」在臺北圓山大飯店舉行，名義上是向社會推薦立委和國代候選人，其實是賭命式叫牌掀底。

閉門大會開始，謝長廷和尤清提出臨時動議，要求變更議程，討論組黨事宜，主張立刻組黨。一百三十二名後援會代表震驚譁然，有人興奮有人期待，有人畏縮有人推托。激辯後，全體代表簽名，成為第一批組黨發起人，公推費希平擔任「組黨發

在圓山大飯店舉行的建黨大會，在場的一三二名代表都是組黨發起人。右一為提出「民主進步黨」黨名的謝長廷。（邱萬興攝）

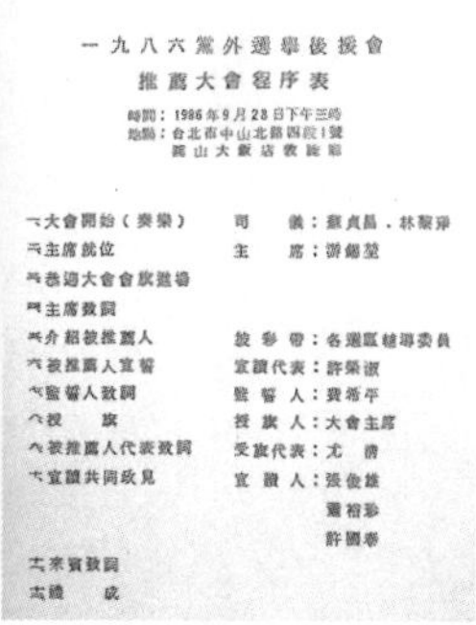

一九八六黨外選舉後援會
推薦大會程序表

時間：1986年9月28日下午三時
地點：台北市中山北路四段1號
圓山大飯店敦睦廳

一、大會開始（奏樂）　司　儀：蘇貞昌．林黎琤
二、主席就位　主　席：游錫堃
三、恭迎大會會旗進場
四、主席致詞
五、介紹被推薦人　披彩帶：各選區輔導委員
六、被推薦人宣誓　宣讀代表：許榮淑
七、監誓人致詞　監誓人：費希平
八、授　旗　授旗人：大會主席
九、被推薦人代表致詞　受旗代表：尤　清
十、宣讀共同政見　宣讀人：張俊雄
蕭裕珍
許國泰
十一、來賓致詞
十二、禮　成

一九八六年九月二十八日民進黨建黨大會原訂的流程

起人會議」的召集人。

當天下午討論黨名、黨章，有人繼續質疑是否應立即組黨，但爭論過後，逐一定案，大會結束。傍晚六點零六分，費希平在記者會宣布：「民主進步黨正式成立！」

危疑震撼四十四天

從九月二十八日創黨到十一月十日召開第一次全國黨代表大會，是興奮高亢兼危疑震撼的四十四天。國民黨軟硬兼施，公開揚言「依法取締」；私底下則派人關說，希望民進黨停留在籌備階段，若正式組黨將動手抓人。

組黨次日，小組從十人，增加邱義仁、洪奇昌、蘇貞昌、郭吉仁、周滄淵、康寧祥、顏錦福、許榮淑八人，成為十八人工作委員會。除了組黨進程，最重要的是，確定「牢可以坐，黨不能毀」的原則，並排定三梯次「待捕名單」，前仆後繼，非組不可。

傅正表示：「我一再透過中介學者讓國民黨瞭解我們的決心。」陳菊說，排定梯次時，傅正，費希平、江鵬堅、謝長廷、邱義仁、尤清、黃爾璇等人，都自願列入第一批名單。傅正和江鵬堅說，陳菊剛坐牢歸來，不宜列進第一梯次。她說：「這種寬容、愛護和犧牲的同志愛，不僅令我感動，更是民進黨能在險惡的政治環境中創建的最大條件。」

國民黨照例恫嚇。早在組黨前兩天，九月二十六日，法務部長施啟揚宣稱：「政府已一再重申此時此地不宜組織新黨，如少數人不顧現實的情勢，貿然組黨，政府將依法處置。」民進黨成立次日，施又重申此調。

十月一日，《中央日報》發表社論，批評組黨是：「極少數人無視國家前途與法律尊嚴，置社會安危於不顧。不但不知和衷共濟之為貴，反而乘國家之危，來傷害國家的團結安定。」

郝柏村時任參謀總長。組黨次日，蔣經國詢問他對此事的意見。他表示，組黨是無法避免的，問題是在什麼前提下組黨。他認為應基於：一、忠於中華民國；二、忠於《中華民國憲法》；三、堅決反共；四、支持一個中國的復國政策，反對分裂或臺獨。郝柏村的結論是：「現在偏激分子揚言組黨，其主張實際為否定中華民國，或與中共統戰呼應，或為臺獨，當然不能容忍。」

蔣經國則指示：「對於偏激分子的行徑，目前仍以避免衝突、冷靜處理為要。」其實國內外的強大壓力已不允許他「不容忍」。

早在三月，蔣經國主持的國民黨十二屆三中全會，便決議「要以黨的革新帶動全面革新」。四月九日中常會，蔣指示由十二名中常委組成「革新小組」，針對包括解嚴、開放黨禁等問題進行研議。五個月後，「研議」尚無結果，黨外早已強渡關山，打開政黨政治的新局。

八月二十日，蔣經國會見來臺訪問的美國參議院外交委員會主席魯嘉（Dick Lugar）。魯嘉向他建議，應准許反對黨成立，並及早解嚴。

十月七日，在駐美代表錢復的建議和安排下，蔣經國會見來臺訪問的《華盛頓郵報》發行人葛蘭姆女士（Katharine Meyer Graham）時表示：「臺灣將在近期內解除戒嚴、開放組黨。」他說：「任何新黨必須遵守憲法、支持反共的基本國策，並與臺獨運動劃清界線。」

十月八日，蔣經國在國民黨中常會上，發表「世事在變，局勢在變，潮流也在變」的談話，對黨內鷹派、保守派釋出訊息。國民黨雖對民進黨虎視眈眈，但要像美麗島事件一樣全面逮捕，已經不可能了。

首任黨主席江鵬堅

由於國民黨的施壓，十一月十日民進黨第一次全國黨代表大會，連開會場地都租不到，最後以「淡江校友會」名義租到臺北市環亞大飯店。在海內外注目下，創黨黨員當天兵分五路，執行任務。

第一場在省議會臺北會館，建黨十八人祕密召開第一屆黨員代表大會準備會議。第二場在環亞大飯店舉行，正式召開黨代表大會，出席人數一百五十五人，逐條討論，通過黨綱、黨章、紀律仲裁辦法等議案。

第三場在甲天下餐廳選出第一屆中評委，包括吳鍾靈、王義雄、陳菊、蔡龍居、蔡式淵、郭吉仁等十一人，郭吉仁當選中評會主委。

第四場在金華國中舉辦「民主進步黨新黨晚會」，向群眾說明組黨經過。當場，小額捐款就募集了一百多萬元的「開辦費」。

晚會之後，移師蘇治芬開設的元穠茶藝館，投票選出第一屆中執委黃爾璇、江鵬堅、許榮淑、尤清、費希平等三十一人。中執委再選出費希平、蘇貞昌、康寧祥、游錫堃等十一名中常

民主進步黨首任主席江鵬堅（邱萬興攝）

委。黨主席選舉，十三比十二，江鵬堅以一票險勝費希平。

邱義仁認為，江鵬堅當選黨主席是「天意」。公政會推派費希平參選黨主席，費希平是外省人，主張臺灣可與中國合組「大中國邦聯」，被獨派視為「統派」。邱說：「我們不希望統派人士當臺灣第一個本土政黨的主席，遂臨時起意，聯合邊緣人士，推出江鵬堅。」

邱義仁說，公政會的康系人馬認為勝券在握，很多中執委當選後就回中南部了。三十一名中執委，投出二十五張票，少的六票就是提早離席回家的。他說：「直到現在，我還是認為江鵬堅當黨主席比較好。」

周清玉說：「創黨時主席也沒有人爭，因為大家都知道這是『赴死』的。」她承認，畢竟費希平是外省人，她很自然希望臺灣人當黨主席。

召喚和回應

其實，江鵬堅也是所謂的外省人第二代。

江鵬堅，一九四〇年出生於臺北大稻埕。他的家世和鄭南榕相彷彿，父親江火財是日治時代來臺的福建惠安人。江火財在大稻埕開鞋舖，育有十個子女。江鵬堅和許多同世代的人一樣，沒有背景，沒有財富，只能靠自己的資質和努力，奮發向上。

他讀建中、臺灣大學法律系學士、碩士，當上律師。他個性內向，兒時常一個人靜靜和自家飼養的鵝說話。鄰居都驚訝：「那個啞巴，怎麼當律師？」

進大學前，江鵬堅就打算徹底改變木訥的個性和瘦弱的身體。他加入柔道社、辯論社，由外而內鍛鍊自己。他喜閱讀，習劍道，嚮往日本武士道精神。

江鵬堅外表灑脫，內心熱情澎湃。有政治潔癖，注重形象。重然諾，開會必到，到必準時，做幾分事說幾分話。這一點，和宜蘭縣長陳定南相似。

美麗島事件帶給他很大的衝擊，林宅血案的震撼更大。從那時起，江鵬堅擔任林義雄的辯護律師，一九八〇年幫周清玉助選，一九八三年當選臺北市立委，一九八四年創辦臺灣人權促進會，一九八六年信守「一屆立委‧終身黨外」的承諾，沒有繼續參選立委，致力於組黨行動。

十一月十日，歷經中執委、中常委、黨主席三輪的馬拉松選舉，四十六歲的江鵬堅當選黨主席。會後他建議同志，一起回組黨晚會金華國中操場，撿垃圾整理環境，讓學生明天有乾淨的校園。

組黨，是一場意志的對決。組黨核心人士，以決心、智慧和集體信任感，冒著生命危險，衝決網羅。戰後四十年屢試屢敗的組黨大業，在一九八六年開花結果。臺灣人民付出無比努力和無數犧牲，漫長的威權時代終於接近尾聲，就要落幕了。

江鵬堅回憶，組黨完成已近子夜，站在秋風中、街燈下，孑然孤立，頗有風蕭蕭兮易水寒的悲壯淒美。

一個大稻埕鞋舖師傅之子，一個謙守自持的君子，身處政治高壓之下，社會狂飆之中，他知道自己的責任。

韋伯〈政治做為一種志業〉的名言：真正能讓人無限感動的，是一個成熟的人（無論年紀大小），真誠而全心地對後果感到責任，按照責任倫理行事，然後在某一個情況來臨時說：「我再無旁顧；這就是我的立場！」

江鵬堅和許許多多的人，彼時在歷史的轉折點，沒有彷徨，沒有退卻。他們聽到，並回應了召喚。

後語

二〇一三年十月《百年追求》出版至今，政府檔案、相關書籍和論文，解密出土，問世者眾。春山出版總編輯莊瑞琳問我要不要趁新版，增修改。我反覆思索，決定隻字不動，只寫作者序和後語，交代來龍去脈。我的想法是，十年一代，進行式的臺灣民主運動，需要的可能不是增修改，而是啟動更多寫作計畫，交棒給年輕世代來寫。

藉著新版後語，我要感謝，二〇一三年版沒能正式感謝的：所有用生命和具體行動推進臺灣民主運動的前輩，相關參考書目的編著者，以及不同世代、不同領域，撥冗費神看稿給意見的朋友。特別是廖為民、曾昭明和李禎祥，他們放下自己的工作，前來義助，說：「妳這件事比較重要。」為民兄為此，還專程扛來數大箱「禁書」，供我增添比對。

隆情高誼，述說不完。其實，簡言之，這也是《百年追求》的集體意志呈現。

參考資料

二二八和平日促進會編，《走出二二八的陰影——二二八和平日促進運動實錄，一九八七～一九九〇》。臺北：二二八和平日促進會，一九九一。
文達峰（Jonathan Manthorpe）著，柯翠園譯，《禁忌的國家——臺灣大歷史》。臺北：望春風文化，二〇〇九。
王甫昌，〈由「中國省籍」到「臺灣族群」：戶口普查籍別類屬轉變之分析〉，《臺灣社會學》第九期，二〇〇五年六月。
王鼎鈞，《王鼎鈞回憶錄四部曲之四——文學江湖》。臺北：爾雅，二〇〇九。
王增齊，〈老婆婆背小孩〉，二〇〇一。
民主進步黨，《民主老仙覺——黃信介紀念文集》。臺北：民進黨中央黨部，二〇〇〇。
江彭豐美等人，《勇者的身影——江鵬堅先生行誼訪談錄》。臺北：國史館，二〇〇四。
江鵬堅，《人權萬歲》。臺北：作者自印，一九八三。
江鵬堅，《不信公義喚不回》。臺北：作者自印，一九八三。
艾琳達、許心，〈革命馬戲團的悲哀〉，《美麗島》雜誌第四期，一九七九年十一月二十五日。

艾琳達口述、林佳瑩著，《美麗的抉擇——艾琳達的一生》。臺北：遠景，二〇一一。

何明修，《四海仗義——曾茂興的工運傳奇》。臺北：臺灣勞工陣線，二〇〇八。

何明修，《綠色民主——臺灣環境運動的研究》。臺北：群學，二〇〇六。

何榮幸，《學運世代——眾聲喧嘩的十年》。臺北：時報出版，二〇〇一。

吳介民，〈一九八七解嚴恍如昨〉，《蘋果日報》，二〇一二年七月十五日。

吳錦勳採訪、撰述，《臺灣，請聽我說——壓抑的、裂變的、再生的六十年》。臺北：天下文化，二〇〇九。

呂秀蓮，《重審美麗島》。臺北：前衛，一九九七。

李登輝、國史館，《見證臺灣：蔣經國總統與我》。臺北：允晨文化，二〇〇四。

李筱峰，《臺灣史一百件大事》。臺北：玉山社，一九九九。

李筱峰，《臺灣民主運動四十年》。臺北：自立晚報，一九八七。

李筱峰、高凱俊、陳金興，〈從「政治標語」圖像看兩蔣政治─久違的符號〉，《臺灣史料研究》第二十七號，二〇〇六年八月。

李黎，《昨日之河》。臺北：印刻，二〇一一。

周婉窈，〈曾待定義的我的三十一歲、尚待定義的臺灣〉，陳文成博士紀念基金會網站：「我的三十一歲」接力串寫，二〇〇九。
周慶祥，《臺灣本土報人吳三連在美麗島事件中的角色探討》。臺北：中華傳播學會，二〇〇六。
林文義，《菅芒離土——郭倍宏傳奇》。臺北：前衛，一九九一。
林以加記錄整理、葉虹靈、林世煜記錄校訂，〈高檢署林宅血案、陳文成命案重啟調查偵察報告〉公聽會會議紀錄，二〇〇九年八月二十日。
林正杰，《寧為黨外》。臺北：作者自印，一九八一。
林正杰、張富忠，《選舉萬歲》。臺北：作者自印，一九七八。
林崇熙、廖世冠、劉明俊、蔡金鼎，《一個雲雨飄蕩的歲月—雲林蘇家傳記》。臺北：玉山社，二〇一一。
林義雄，《從蘭陽到霧峰——瞧這個省議會》。臺北：作者自印，一九七八。
林義雄、姚嘉文，《虎落平陽？——選戰．官司．郭雨新》。臺北：作者自印，一九七七。
林蔭庭，《追隨半世紀——李煥與經國先生》。臺北：天下文化，一九九八。
林濁水，《我愛臺灣》。臺北：作者自印，一九八二。
邱榮舉、謝欣如，〈戰後臺灣客家政治菁英與白色恐怖政治事件：解析許信良與三個重要政治事件之關係〉，收錄於《「臺灣民主的興起與變遷」第二屆學術研討會：人物與事件論文集》。臺中市：臺灣省諮議會，二〇〇七。

思想編委會，「走過八十年代」，《思想》第二十二期。臺北：聯經，二〇一二。

柏楊總策畫，《二十世紀臺灣民主大事寫真》。臺北：人權教育基金會．遠流，二〇〇五。

胡慧玲，《我喜歡這樣想你》。臺北：玉山社，一九九五。

胡慧玲等人編輯，《臺灣之愛：播種與收割——鄭南榕逝世三週年紀念集》。臺北：鄭南榕基金會，一九九二。

若林正丈著，賴香吟譯，《蔣經國與李登輝》。臺北：遠流，一九九八。

若林正丈著，許佩賢、洪金珠譯，吳密察審訂，《臺灣：分裂國家與民主化》。臺北：新自然主義，二〇〇九。

唐培禮著，賴秀如譯，《撲火飛蛾》。臺北：允晨文化，二〇一一。

夏珍，《許信良的政治世界》。臺北：天下文化，一九九八。

徐國淦，《臺灣工運領袖類型分析》，政大勞工研究所碩士論文，二〇〇三。

翁元口述、王丰記錄，《我在蔣介石父子身邊的日子》。臺北：圓神，一九九四。

郝柏村，《八年參謀總長日記》。臺北：天下遠見，二〇〇〇。

高俊明、高李麗珍口述，胡慧玲撰文，《十字架之路——高俊明牧師回憶錄》。臺北：望春風文化，二〇〇一。

尉天聰，《回首我們的時代》。臺北：印刻，二〇一一。

康綠島，《李國鼎先生口述歷史——話說臺灣經驗》。臺北：卓越文化，一九九三。

張文隆、陳儀深、許文堂，《郭雨新先生行誼訪談錄》。臺北：國史館，二〇〇八。

張炎憲、陳美蓉，《臺灣自救宣言——謝聰敏先生訪談錄》。臺北：國史館，二〇〇八。

張炎憲主編，《民主崛起——臺灣民主化運動》。臺北：國史館，二〇〇八。

張炎憲主編，《李登輝總統訪談錄》。臺北：國史館，二〇〇八。

張俊宏，《大軍壓境——議會政治的危機》。臺北：春風出版社，一九七九。

張俊宏，《我的沈思與奮鬥——兩千個煎熬的日子》。臺北：作者自印，一九七七。

張茂雄，「臺灣浩劫：戰後政治案件及受難者電子資料庫」，http://www.twgiga.com/web/orang/org01.asp，關鍵字：臺灣浩劫。

張富忠、邱萬興編著，《綠色年代——臺灣民主運動二十五年》。臺北：綠色旅行文教基金會，二〇〇五。

張麗伽，《臺灣菊——陳菊．臺灣菊．臺灣最後的情義》。臺北：印刻，二〇〇六。

許信良，《挑戰李登輝》。臺北：新新聞，一九九五。
許信良，《風雨之聲》。臺北：長橋，一九七八再版。
許信良，《新興民族》。臺北：遠流，一九九五。
許信良，《當仁不讓》。臺北：長橋，一九七七。
許榮淑編著，《張俊宏．林義雄問政實錄》。臺北：自印，一九八〇。
陳若曦，《堅持．無悔——陳若曦七十自述》。臺北：九歌，二〇一一。
陳鼓應，〈陳鼓應自述〉，《明報》月刊，二〇一一年十二月號。
陳翠蓮，〈戒嚴時期臺灣的情治機關，以美麗島事件為例〉，收錄於《第七屆中華民國史專題論文集——二十世紀臺灣民主發展》。臺北：國史館，二〇〇四。
陳銘城，《海外臺獨運動四十年》。臺北：自立晚報，一九九二。
陳儀深編輯，《美麗島事件專輯》。臺北：中央研究院近代史研究所，二〇〇四。
陳儀深訪問、簡佳慧等人記錄，《海外臺獨運動相關人物口述史》。臺北：中央研究院近代史研究所口述歷史叢書，二〇〇九。
陳麗貴、梁秋虹，〈林宅血案調查報告二〇〇六〉，《真相靠自己——以林宅血案和陳文成事件調查報告為例》。臺北：陳文成博士紀念基金會，二〇〇六。

彭明敏，《自由的滋味——彭明敏回憶錄》二〇〇九年增訂版。臺北：玉山社，二〇〇九。
彭明敏，《逃亡》。臺北：玉山社，二〇〇九。
彭琳淞，〈黨外雜誌與臺灣民主運動〉，收錄於《第七屆中華民國史專題論文集—二十世紀臺灣民主發展》。臺北：國史館，二〇〇四。
彭瑞金，《高雄余家發展史》。南投：國史館臺灣文獻館，二〇〇二。
湯志傑，〈勢不可免的衝突：從結構／過程的辯證看美麗島事件之發生〉，《臺灣社會學》第十三期，二〇〇七。
黃怡、林世煜，〈陳文成事件調查報告二〇〇六〉，收錄於《真相靠自己——以林宅血案和陳文成事件調查報告為例》。臺北：陳文成博士紀念基金會，二〇〇六。
新新聞周刊編輯部，《美麗島十年風雲》。臺北：新新聞，一九八九。
新臺灣研究文教基金會美麗島事件口述歷史編輯小組，《珍藏美麗島——臺灣民主歷程真紀錄》口述史。臺北：時報出版，一九九九。
楊艾俐，《孫運璿傳》。臺北：天下文化，一九八九。
楊青矗，《美麗島進行曲》（第一部衝破戒嚴，第二部高雄事件，第三部政治審判》。臺北：敦理，二〇〇九。

楊澤主編，《七〇年代：理想繼續燃燒》。臺北：時報出版，一九九四。
楊澤主編，《七〇年代懺情錄》。臺北：時報出版，一九九四。
楊澤主編，《狂飆八〇——記錄一個集體發聲的年代》。臺北：時報出版，一九九九。
漆高儒，《廣角鏡下的蔣經國》。臺北：黎明文化，二〇〇一。
漆高儒，《蔣經國評傳——我是臺灣人》。臺北：正中書局，一九九八。
臺大學生杜邦事件調查團，《臺大學生杜邦事件調查團綜合報告書》。臺北：牛頓，一九八六。
臺灣人公共事務會，《FAPA三十週年紀念特刊》。華盛頓：二〇一二。
臺灣省諮議會，《臺灣省諮議會，臺灣省參議會、臨時省議會暨省議會時期口述歷史訪談計畫——許信良先生訪談錄》。臺中市：臺灣省諮議會，二〇〇四。
臺灣省諮議會，《臺灣省議會時期口述歷史訪談計畫：余玲雅諮議長回憶錄》。霧峰：臺灣省諮議會，二〇〇四。
臺灣教授協會編，《中華民國流亡臺灣六〇年暨戰後臺灣國際處境》。臺北：前衛．草根，二〇一〇。
蔡墩銘，《八十年臺灣論述與個人回憶：一位八十歲退休教授回憶錄》。臺北：翰蘆，二〇一二。
鄭牧心，《臺灣議會政治四十年》。臺北：自立晚報，一九八七。
鄭南榕紀念特刊編輯委員會，《好國好民——鄭南榕逝世二十週年紀念特刊》。臺北：鄭南榕基金會，二〇〇九。
鄭南榕基金會策畫，《剩下就是你們的事了——行動思想家鄭南榕》。臺北：書林，二〇一三。
鄭聲、陳雪，《陳定南前傳》。臺北：商周文化，一九九四。
鄭鴻生，《青春之歌》。臺北：聯經，二〇〇一。
擁護臺灣人權國際委員會—ICDHRT（International Committee for the Defense of Human Rights on Taiwan），通訊第五期。華盛頓：一九七九年十月四日。
蕭新煌編著，《斷奶期的新社會——座談、對話看臺灣》。臺北：久大，一九八七。
錢永祥編譯，韋伯《學術與政治：韋伯選集1》。臺北：遠流，一九九一。
錢復，《錢復回憶錄》。臺北：天下文化，二〇〇五。
聯合報策畫、撰文，《決定一生的關鍵二十歲》。臺北：寶瓶文化，二〇〇九。
蘇瑞鏘，《超越黨籍、省籍與國籍——傅正與戰後臺灣民主運動》。臺北：前衛，二〇〇八。

國家圖書館出版品預行編目 (CIP) 資料

臺灣之春：解嚴前的臺灣民主運動 / 胡慧玲著 . --
初版 . -- 臺北市：春山出版，2020.09
面；　公分 . --（春山之聲；21）
ISBN 978-986-99072-7-9（平裝）
1. 臺灣史 2. 戒嚴 3. 臺灣民主運動

733.29　　109010895

Voice

春山之聲 021

臺灣之春
——解嚴前的臺灣民主運動

作者　胡慧玲
總編輯　莊瑞琳
責任編輯　夏君佩
行銷企畫　甘彩蓉
封面設計　王小美
內文排版　極翔企業有限公司
法律顧問　鵬耀法律事務所戴智權律師

出版　春山出版有限公司
地址　116 臺北市文山區羅斯福路六段 297 號 10 樓
電話　（02）2931-8171
傳真　（02）8663-8233
總經銷　時報文化出版企業股份有限公司
電話　（02）23066842
地址　桃園市龜山區萬壽路二段 351 號
製版　瑞豐電腦製版印刷股份有限公司
印刷　搖籃本文化事業有限公司

填寫本書線上回函

初版一刷 2020 年 9 月
初版三刷 2022 年 9 月 15 日
定價　400 元

※ 本書原名《百年追求卷三・民主的浪潮》

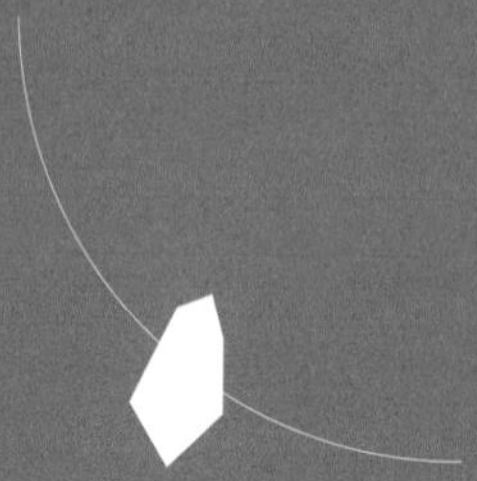

All Voices from the Island

島嶼湧現的聲音